動画（QRコード）でよくわかる！ボディメイク＆ケア

『滑らせる！』が世界のケアの新常識

# スポーツオイルマッサージ

\クイズです！/

# Q 従来のマッサージに対する
（オイルを使わないマッサージや指圧など）
## オイルマッサージの特長として、正しい説明はどれでしょう？

**A**
1. 専門家でなくとも、動画と写真をみれば、的確な施術が容易である。
2. 短時間で効果を得られる。
3. 専用のオイルを使わなくてもコンビニで買える市販品で、できる。
4. 施術台がなくてもできる。
5. セルフでもできる。

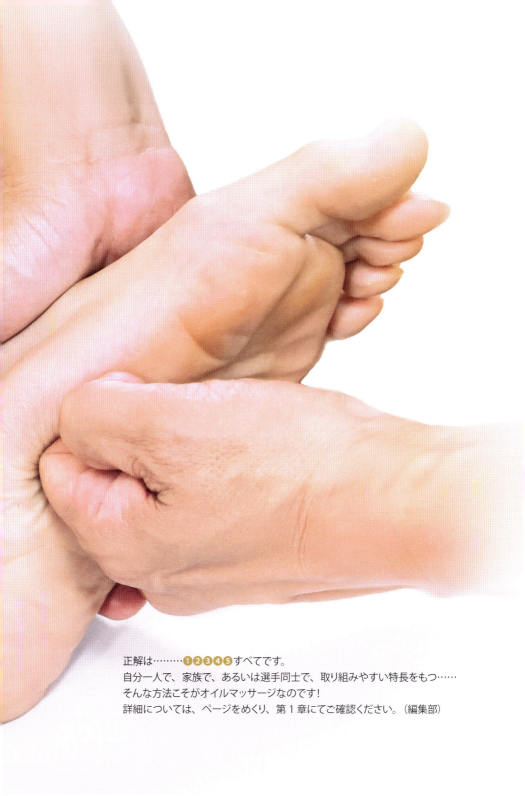

正解は………❶❷❸❹❺すべてです。
自分一人で、家族で、あるいは選手同士で、取り組みやすい特長をもつ……
そんな方法こそがオイルマッサージなのです！
詳細については、ページをめくり、第1章にてご確認ください。（編集部）

# 序 文 >>>

　近年、日本国内の各種スポーツ分野で「オイルマッサージ」の需要が増加しています。

　その要因として、近年海外で活躍する日本のアスリートが増え、彼らが現地で受けるオイルマッサージの治療やコンディショニングの評判を通じて、広く認知されるようになってきたことや、国内で活動する海外アスリートからの需要の高まりなども挙げられるでしょう。

　欧米におけるスポーツマッサージの手法は「オイルマッサージ」がスタンダートです。

　私は20年以上、欧州のプロ自転車チームのマッサージ師として活動してきました。欧州のスポーツ現場も、圧倒的なオイルマッサージ文化圏です。日本のドライマッサージ技術のみでは対応できないことも多く、オイルマッサージ技術を取り入れて、世界最大の自転車ロードレス『ツール・ド・フランス』など、過酷な持久系スポーツイベントで選手に施術を行ってきました。

　日本において主流であるスポーツマッサージは、欧州のマッサージと日本のあん摩などをもとに発展したものです。その修練された技術は間違いなく世界に伝播すべきものであり、私自身も海外スポーツチームにおいて日本人トレーナーとしての存在意義を高めることに繋がりました。

　しかし、それは欧米のスタンダードであるオイルマッサージとは異なる背景をもって発展したものであることも事実です。双方の技術にはそれぞれ特徴があります。一方が他方より優れている、というわけではありません。それぞれの特性を理解し、アスリートの要望や問題解決に応じて最適なテクニックを選択できる技術的引き出しを持つことが、なにより重要であると考えています。

　『東京2020オリンピック』では、世界中から来日したアスリートを迎えるため、選手村診療所のマッサージ部門に参加した約100名の施術スタッフにオイルマッサージの講習が行われました。このような背景も国内におけるスポーツオイルマッサージへのニーズの高まりを映すものであり、オイルマッサージテクニックは、日本のトレーナーや施術家が学び、実践する価値のあるテクニックであると私は考えています。

　本章でも述べることではありますが、オイルマッサージにおける「マッサージをする側（施術者）の手」と「マッサージを受ける側（受けて）の皮膚」の高い密着性は、筋肉を「なぞる」「追随する」ことを容易にします。これが、ドライマッサージにおいては高度な技術とされる触診技術を身につける上でのハードルを下げることに繋がります。

この特性は、専門学生や学生トレーナー、運動部の顧問、コーチ、選手、そしてスポーツ愛好家など、施術経験がない方々やこれからドライマッサージの触診技術を学びたい方々にとっても大きな利点となります。また、ドライマッサージの技術のみを行う先生方にとっても、オイルマッサージ技術を取り入れることで技術的な選択肢や、身体に対する新たな視野を広げることに繋がります。

　日本のスポーツ分野においてまだそれほど普及が進んでいない「オイルマッサージ」ですが、その特徴を理解し、テクニックを習得することは、アスリートのコンディショニングや怪我・不調からの早期回復を期待できるだけでなく、施術家の技術の幅を広げ、知識を深めることにも繋がるでしょう。

　本書でオイルマッサージテクニックを紹介するにあたっては、欧州の自転車競技の世界でも実際に行われているテクニックを中心に実践的な手技を紹介しています。

　また、本書の特徴として実技項目においてはQRコードを利用して動画も掲載しています。施術の「スピード」「押圧の入れ方」「手の動き」といった写真や文章では伝わりづらい部分を補う上でも、動画は読者の方々に技術的なイメージをお伝えする一助となるでしょう。

　施術家の方に参考にしていただくのはもちろん、本書では選手同士での施術やセルフケアにも活用できるオイルマッサージも紹介しています。ぜひ、より多くの皆様のお役に立てるテクニックとして、オイルマッサージを取り入れていただければと思います。

　本書を刊行するにあたり、花田学園の溝口秀雪先生にはひとかたならぬご尽力を頂きました。また株式会社ベースボール・マガジン社の朝岡秀樹様、フリーライターの藤村幸代様にも多大なるご協力を頂きましたことを心より御礼申し上げます。

2024年10月　中野喜文

ツール・ド・フランスにて。右から2人目が著者。

# CONTENTS >>>

- ●クイズです！　オイルマッサージの特長はどれ?……002
- ●序文……004

## 第1章　オイルマッサージの基礎知識……011

オイルマッサージの基礎知識❶　スポーツマッサージの歴史……012
オイルマッサージの基礎知識❷　オイルマッサージとドライマッサージ　どこが違う?……014
オイルマッサージの基礎知識❸　オイルマッサージ特有の効果とは?……018
オイルマッサージの基礎知識❹　こんなにある!? オイルマッサージのメリット……021
オイルマッサージの基礎知識❺　オイルマッサージで必要なアイテムとは?……025
オイルマッサージの基礎知識❻　オイルマッサージここに注意!……030
オイルマッサージの基礎知識❼　オイルマッサージ施術後の処理方法は?……037
オイルマッサージの基礎知識❽　理想の施術姿勢とは?……040
オイルマッサージの基礎知識❾　施術にかける時間と強度はどれくらい?……043
オイルマッサージの基礎知識❿　リカバリーの戦略とマッサージのタイミング……046

- ●オイルマッサージQ&A　Part1……050

## 第2章　オイルマッサージの基本手技……051

手技で使う手の部位と名称……052
オイルマッサージの基本手技……054
基本手技❶　ストローキング……054
　　　　　　手掌ストローキング　手根ストローキング
　　　　　　四指ストローキング　二指ストローキング　拇指ストローキング
基本手技❷　ニーディング……056
　　　　　　手掌ニーディング①　手掌ニーディング②　拇指ニーディング
基本手技❸　フリクション……058
　　　　　　拇指フリクション　二指フリクション
基本手技❹　スピンドル……059
基本手技❺　パーカッション……060
　　　　　　カッピング（泊打法）　ハッキング（切打法）
基本手技❻　ロッキングとシェイキング……061
　　　　　　ロッキング（振せん法）　シェイキング（錐揉状揉捏法、きりもみ）

- ●オイルマッサージ 手技のポイント……062
- ●オイルマッサージとあん摩・マッサージ指圧との手技名対照表……065
- ●オイルマッサージQ&A　Part2……066

## 第3章　実践！　部位別オイルマッサージ……067

### 1. 腰背部 ―腹臥位― ……068
腰背部全面の手掌ストローキング……069
脊柱起立筋群の手根ストローキング……070
脊柱起立筋群の二指ストローキング……071
僧帽筋の二指ニーディング……072
腰方形筋の四指ストローキング……073
腰背部全面の手掌ストローキング……074
脊柱起立筋の拇指ストローキング……076
頚部から肩部へのアプローチ……078
　①頭板状筋と僧帽筋のストローキング……078
　②斜角筋のストローキング……079

### 2. 上 肢 ―腹臥位― ……080
上肢全体の手掌ストローキング……081
前腕屈筋群の手根ストローキング……082
前腕屈筋群の両拇指ニーディング……083
前腕伸筋群の拇指ストローキング……084
腕橈骨筋の拇指ストローキング……086
上腕三頭筋の拇指・四指のストローキング……087
三角筋中部・後部線維の拇指ストローキング……088
肋間筋の手掌ストローキング……089
広背筋の手掌ストローキング……090
広背筋の拇指ストローキング……090
ローテーターカフ（棘下筋、小円筋）の手根ニーディング……091
肩甲骨の内側縁の拇指ストローキング……092

### 3. 上 肢 ―仰臥位― ……094
上肢全体の手掌ストローキング……095
前腕屈筋群の拇指ストローキング……096
前腕伸筋群の拇指ストローキング　……097
腕橈骨筋の拇指ストローキング……098
上腕二頭筋の手根ストローキング……099

7

# CONTENTS >>>

**4. 下 肢 ―腹臥位―** ……100
下肢全体の手掌ストローキング……101
足底の拇指ストローキング……102
足底の四指ストローキング……103
下腿三頭筋の四指ストローキング……104
下腿三頭筋の拇指ニーディング……105
ハムストリングへのアプローチ……106
ハムストリング全体の手掌ストローキング……107
ハムストリング全体のスピンドル……107
ハムストリング中央ラインへのアプローチ……108
ハムストリング中央ライン・大腿二頭筋の拇指ストローキング……109
ハムストリング中央ライン・半腱半膜様筋の拇指ストローキング……109
ハムストリング内側ライン・半腱半膜様筋の拇指ストローキング……110
ハムストリング内側ライン・半腱半膜様筋の手根ストローキング……110
ハムストリング外側ライン・大腿二頭筋の拇指ストローキング……111
大腿の外側ライン、外側大腿筋間中隔、腸脛靭帯、外側広筋への手根ストローキング……111

**5. 下 肢 ―仰臥位―** ……112
下肢全体の手掌ストローキング……113
大腿四頭筋へのアプローチ……114
大腿四頭筋の手掌ストローキング……114
大腿四頭筋のニーディング……115
大腿四頭筋の拇指ストローキング……115
外側ラインの拇指ストローキング……116
中間ラインの拇指ストローキング……116
内側ラインの拇指ストローキング……117
両手を使う拇指ストローキング……117
腸脛靭帯の手根ニーディング……118
腸脛靭帯にさらに刺激を入れたいとき……119
内転筋群の手根ストローキング……120
下腿三頭筋の四指ストローキング……122
前脛骨筋へのアプローチ……123
前脛骨筋の拇指ストローキング　腓骨側から……124

前脛骨筋の拇指ストローキング　脛骨側から……124
前脛骨筋の拇指ニーディング……125
前脛骨筋の硬さが取れない！　対処法は?……125
足底部のスピンドル……126
足底部の拇指フリクション……126
足底部の四指フリクション……126
足背部の拇指ニーディング……127

●マッサージにおける戦略の重要性……128
●マットでの施術もOK……130
●COLMUN　世界で求められる「触診技術」とは?……132

## 第4章　簡単セルフマッサージ……133

セルフマッサージをしよう！……134
こんなにある！セルフケアの種類　セルフケアの特徴・メリットとは?
セルフマッサージ　ここに注意！……136
1　頸・肩のセルフマッサージ……138
2　上肢のセルフマッサージ……140
3　大胸筋のセルフマッサージ……142
4　腰背部のセルフマッサージ……144
5　腹部のセルフマッサージ……146
6　下腿部のセルフマッサージ……147
7　大腿部のセルフマッサージ……148
8　頭部のセルフマッサージ……150

INTERVIEWS
著者が影響を受けた3人のマッサージ職人……152
1　サルティ・ルイージ……152
2　ルイジーノ・モーロ……154
3　ミケーレ・デルガッロ……156

●おわりに……158

[動画内容と視聴方法]
本書では、写真と写真説明文によって解説するページにおいて、動画で視た方が理解を深めやすいと思われる項目に関してはQRコードを添え、動画にて動作を確認できるようにしています。動画は、本書のためにあらたに撮影・編集し弊社ベースボールマガジン社のYouTubeチャンネルにアップしたものです。QRコードを、スマートフォンやタブレット型パソコン等付属のカメラで撮影することで読み取り、動画を視聴してください。QRコードを読み取った場合のみ視聴できる限定公開のかたちを採っています。

[動画に関する注意]
動画は、インターネット上の動画投稿サイト(YouTube)にアップしたものに、QRコードを読み取ることでリンクし、視聴するシステムを採用しています。原則的に、音声はカットし、動画公開しています(一部、特徴的な音が出る施術法に関しては、音声を収録し、動画公開しています)。セルフマッサージの動画(P138～)に関しては、BGMを伴っています。経年により、YouTubeやQRコード、インターネットのシステムが変化・終了したことにより視聴不良が生じた場合、著者・発行者は責任を負いません。また、スマートフォン等での動画視聴時間に制限のある契約をされている方が、長時間視聴された場合の視聴不良等に関しても、著者・発行者は責任を負いかねます。「QRコード」は株式会社デンソーウェーブの登録商標です。

## PROFILE

著者　中野喜文
なかの・よしふみ◎1970年生まれ。はり師、きゅう師、あん摩マッサージ指圧師。株式会社ENNE代表取締役。「エンネ・スポーツマッサージ治療院」「ディエンネ北参道」経営者。欧州サイクルロードレーストレーナーとして20年活動、日本人として初めてツール・ド・フランスにトレーナーとして帯同。「ファッサ・ボルトロ」「リクイガス」「アスタナ」「サクソバンク」などUCIワールドチームに在籍。東京五輪選手村診療所理学療法室マッサージはり部門コアメンバーとして、選手村のマッサージ施術スタッフにオイルマッサージ指導を行った。

監修者　溝口秀雪
みぞぐち・ひでゆき◎1948年生まれ。花田学園日本柔道整復専門学校・日本鍼灸理療専門学校卒業後、(学)花田学園に勤務、アスレティックトレーナー専攻科教員、東京有明医療大学ATコース非常勤講師。高校サッカー部トレーナー、横浜F・マリノストレーナーアドバイザー、東京オリンピック・パラリンピック競技大会組織委員会選手村理学療法に関する作業部会委員・選手村診療所理学療法室マッサージはり部門チーフなどを歴任。柔道整復師、はり師、きゅう師、あん摩マッサージ指圧師、日本スポーツ協会アスレティックトレーナーマスター、JATI-上級トレーニング指導者。主な編集・著書に「基礎から学ぶ！スポーツマッサージ」(ベースボール・マガジン社 2010)、「Art & Science スポーツマッサージ」(文光堂2019)、制作に携わった作品に「鍼灸マッサージ師のためのスポーツ東洋療法」(医道の日本社 2018)他がある。

モデル
風戸啓希(かざとひろき)

制作スタッフ
書籍デザイン　ギール・プロ　石川志摩子
編集　　　　　藤村幸代
スチール撮影　馬場高志
映像制作　　　木川良弘(Image Team)

参考文献(順不同)
- 溝口秀雪編著：「基礎から学ぶスポーツマッサージ」ベースボール・マガジン社、2019.
- 福林徹監修、溝口秀雪編著：「Art & Science スポーツマッサージ」文光堂、2006.
- フランク・H・ネッター著、相磯貞和訳：『ネッター解剖学アトラス(原著第3版)』、南江堂、2005.
- McGilicuddy著 Massagge for Perfomance:Michsel Human Kinetics Publishers、2010.
- 社団法人東洋療法学校協会編、教科書執筆小委員会著『あん摩マッサージ指圧理論』医道の日本社、2010.
- 『あん摩マッサージ指圧実技(基礎編)』医道の日本社、2009.

# 第1章

## オイルマッサージの基礎知識

オイルを含めたスポーツマッサージの歴史から、
ドライにはない特徴、注意点まで
オイルマッサージを実践する上で
知っておきたい基礎知識をご紹介します。

オイルマッサージの基礎知識❶

# スポーツマッサージの歴史

古代ギリシャ時代の記述から、伝説とも謳われる現代の名マッサージ師まで、欧州を中心にマッサージの歴史をおさらいします。

## ● 日本には明治時代初期に到来

マッサージは紀元前から治療手段として用いられてきました。古代ギリシャでは医聖ヒポクラテスが外傷治療におけるマッサージの重要性を説き、詩人ホメーロスも戦士たちの回復にマッサージが使われたことを記述しています。

中世ヨーロッパでは一時的に宗教概念により医療としてのマッサージが後退しましたが、16世紀以降、再び注目されるようになりました。

19世紀に入ると、スウェーデンのペーター・ハインリッヒ・リングがマッサージと体操を組み合わせた治療法を提唱、またドイツではアルバート・ホッファーが機能解剖学に基づいた新しい手技を構築し、現代に連なる医療マッサージの基礎となりました。

こうしたマッサージの概念や手技の影響は、海を越え日本にも及びました。特にホッファー式マッサージは、明治時代初期に日本の陸軍医であった中原貞衛(さだえ)によって翻訳され、東洋医学ベースのあん摩指圧とは異なる、西洋医学に基づいたマッサージの普及のきっかけとなりました。(参考文献:文光堂『スポーツマッサージ』マッサージとスポーツマッサージの沿革)

中原貞衛によって翻訳されたホッファーの「TECHNIK DER MASSAGE」の翻訳書の表紙と手技掲載ページ(国会図書館デジタルコレクションより)

## 自転車がスポーツとマッサージを結んだ

スポーツとマッサージの結びつきは、ヨーロッパにおいて自転車競技がその中心的な役割を果たしました。

19世紀後半、産業技術の進化によりチェーンドライブの自転車が発明され、人々の移動手段は馬から自転車へと変化していきました。自転車はさらにレクリエーションとしても広まり、それが「スポーツ」という概念へと発展します。

この時期に誕生した自転車レースは、新聞や、ラジオの普及によるメディア革命と広報活動の後押しも受け、ツール・ド・フランスのような大規模なレースが開催されるなど、欧州各国で熱狂的な人気を誇るプロスポーツに発展していきました。

こうした歴史の流れを受け、マッサージ分野もスポーツ界に浸透。選手のパフォーマンス向上や怪我の予防、治療のための重要な手段として、「スポーツトレーナー」の概念が発展を遂げるのです。

## 感覚としてのマッサージ効果に医学が追いついてきた

自転車競技においてマッサージの効果が医学的エビデンスの研究より先に実装され、現在でも選手のケアにおける手技療法の主軸を担っているのは、特筆すべき事柄でもあります。

「疲労感の軽減」「筋肉緊張の軽減」「痛みの緩和」への対応は、極限のレース環境を背景に選手とトレーナーのフィードバックにより改善改良が重ねられ、卓越した技術として現代に受け継がれています。

マッサージの効果に関しては、その後各機関での研究によりエビデンスも発表されています。多くは押圧による血流量の増加に起因するものですが、近年はマッサージの効果をより詳細に、さまざまな角度から考察するエビデンスが増えつつあります。

しかし、マッサージは手技療法であり、定量的な実験が困難であることや、個人差が大きいことから、現代でも医学的エビデンスの確立が難しい分野であるとされています。それでも、100年以上の歴史があるプロ自転車競技の世界において、継続的に重要視されている分野であるという事実は、マッサージの有効性を何よりも物語っているといえるでしょう。

## ● 伝説のレーサーを支えた伝説のマッサージ師

こうした背景を通して、各国では名トレーナーが輩出され、歴史にたしかな足跡を刻んできました。イタリアでは "mano santa（聖なる手）" と称されたマッサージ師、ジャンネット・チムッリ（1905-2002）が広く知られています。彼は自転車競技のイタリア代表をサポートすべく、チームの一員として8回のオリンピック、34回の世界選手権に帯同。さらに、ツール・ド・フランスを5回制覇し "Campionissimo（チャンピオンの中のチャンピオン）" と呼ばれた国民的英雄、ファウスト・コッピを陰で支えたマッサージ師としても有名です。

チムッリの重要な功績には、多くのマッサージ師を指導・育成したことや、スポーツマッサージおよびスポーツトレーナーという分野の社会的地位向上に尽力し、業界発展の基礎作りに貢献したことも挙げられます。

筆者も20シーズンにわたる欧州自転車競技のトレーナーとしての経験を通じて、特に強い影響を受けたトレーナーが存在します。本書では、そのなかの3人のマッサージ師にインタビューを行っています（152ページ〜参照）。これらのトレーナーは、筆者のマッサージ師としての人生に深い影響を与えた方々です。彼らの貴重な肉声からは、1970年代から現代に至るまでの欧州におけるスポーツマッサージの変遷をたしかに感じることができます。

---

### オイルマッサージの基礎知識❷

# オイルマッサージと
# ドライマッサージどこが違う？

オイルマッサージは西洋医学、あん摩・指圧を代表とする
日本のドライマッサージは東洋医学の手法をベースとして発展してきたため、
2つの間にはさまざまな違いがあります。

**オイルマッサージとドライマッサージの基本的な違い**

| 特　　性 | ドライマッサージ | オイルマッサージ |
|---|---|---|
| (1)刺激の方向 | 遠心性（心臓から末端へ） | 求心性（末端から心臓へ） |
| (2)施術方法 | 一点圧法や摩擦 | 潤滑作用（圧面作用） |
| (3)施術の特徴 | トリガーポイント、持続圧 | 筋肉を大きくとらえる、流す |
| (4)使用する滑剤 | 使用しない | オイルやローションを使用 |
| (5)受けてのスタイル | 服を着たまま施術可能 | 皮膚に直接触れるため脱衣が必要 |

※本書籍では「オイルを用いないマッサージ、あん摩、指圧」を示す総称として「ドライマッサージ」という用語を用います。

## 違いその1　刺激の方向

オイルマッサージとドライマッサージどこが違う？

### ドライは"遠心性"

ドライマッサージでは心臓から遠ざかる方向、つまり身体の中心部から末端へ向けて手技を行うのが一般的です。体幹部の動脈の血流を促進し、全身へ栄養素を運ぶことで、体内のエネルギーの流れを刺激して身体全体の活性化を目指します。腕や脚を心臓に近い中心部分から末端へ向けてマッサージし、体内のエネルギー循環をサポートするようなイメージです。

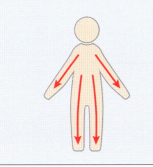

### オイルは"求心性"

オイルマッサージはドライとは逆に、身体の末端から中心部、特に心臓に向かって手技を行うのが基本です。求心性を意識して施術することで静脈やリンパの流れを促進し、老廃物が身体の中心に向かい排出されるのをサポートします。足の先から大腿、手の先から腕など身体の末端から中心部に向かってマッサージを行うことで、循環器系の機能を促すイメージです。

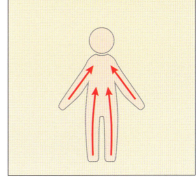

あん摩・指圧など

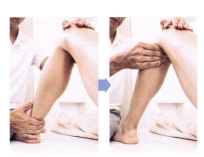

オイルマッサージ

15

## 違いその2 施術方法

### ドライは
### " 一点圧や揉捏、摩擦 "

ドライマッサージの施術では、一点圧と持続圧により特定のポイントに対して直接圧を加える手法が用いられます。直接的でピンポイントの圧力を筋肉や特定の経絡ポイントに加えるため、深部の筋肉の緊張を解放するのに効果的です。

### オイルは
### " 潤滑作用や圧面作用 "

オイルマッサージは使用する滑剤の潤滑作用を活かし、対象とする筋肉組織に施術の手を密着、かつ連続的な手技を広範囲に適用することができます。また、皮膚や筋肉に加える圧力が均等に分散される「圧面作用」により、施術の受けては連続的かつ均質的な圧力と刺激を受けられます。

## 違いその3 施術の特徴

### ドライは
### トリガーポイントを狙う

ドライマッサージの場合、東洋医学でいう経穴（ツボ）や経絡、またトリガーポイントや硬結（コリ）のある部位をピンポイントで施術できるのが特徴です。局所的な一点の持続圧によって、深部の筋肉の問題に対処することに適しています。

### オイルは
### 筋肉を大きくとらえる

オイルマッサージの場合、筋肉を大きくとらえて広範囲に流すような施術が特徴です。筋肉をなぞるような連続的な施術が可能なことから、全身のコンディショニングや、静脈やリンパ管など循環器系の機能促進にも適しています。

## 違いその4　使用する滑剤

### ドライは滑剤の使用なし

深部にピンポイントで押圧するドライマッサージは、オイルなどの滑剤を使用しません。そのため、あん摩や指圧はオイルマッサージと区別する際に「ドライマッサージ」と称されることがあります。

### オイルは多種類のオイル、ローションあり

オイルマッサージではその名の通りオイルやローションなどの滑剤を使用します。滑剤には多くの種類があり、商材の選択や使用にあたってはその特徴への理解や商材に関する知識が必要です。〈⇒ 25 ページへ〉

## 違いその5　受けてのスタイル

### ドライは服を着たまま施術可能

ドライの場合、基本的に施術の受けては衣服を着用します。そのため、受けてのプライバシー保護にはそれほど気をつかわずに、オープンな場所での施術が行いやすくなります。また、スポーツ現場での緊急時にも迅速な対応・施術が可能です。

### オイルは基本的に脱衣が必要

オイルの場合、施術部位の皮膚に直接触れ、筋肉に沿うように手技を行うため、基本的に脱衣での施術になります。そのため、受けてのプライバシー保護に配慮した環境構築が必要です。また、スポーツ現場においてもベッド、マット、タオルなど事前の道具の準備や環境構築が必要となります（マッサージ用ベッドがない環境での施術法については 130 ページへ）。

オイルマッサージとドライマッサージどこが違う？

―― オイルマッサージの基礎知識❸ ――

# オイルマッサージ特有の効果とは？

オイルマッサージ特有の効果を知ることで、
さまざまな症状やシチュエーションに対処でき、より高い効果も期待できます。

## 効果その1　循環器系に及ぼす効果

静脈やリンパ系などの循環器系に対する直接的な押圧は、オイルマッサージにおいて代表的な効果のひとつです。

### ◉静脈の血液循環をサポート

　手と皮膚の密着性を利用したオイルマッサージ特有の刺激は、静脈の血液循環をサポートします。手の先から肩方向へ、足先から大腿方向へなど求心性の施術を行うと、筋肉疲労などが原因で高まった静脈血の血管内抵抗が緩み、効率よく血液が循環することで、心臓機能改善の手助けや調整の促進につながります。

　逆に、オイルマッサージで遠心性の施術を行った場合、静脈血の逆流を引き起こし、静脈内にある静脈弁に負担をかけるとも言われています。静脈の構造と機能の観点からも、オイルマッサージでは求心性の施術が推奨されています。

### ◉リンパ系にもアプローチが可能

　リンパ管は静脈と伴行（並んで走行）していることから、静脈と同時にアプローチが可能です。リンパ系は細胞内の老廃物や余分な水分を排出する役割を担い、リンパ管を通じて運ばれるリンパ液は、最終的には静脈系に戻され血液と合流します。

　この流れが滞ると体内の水分バランスが崩れ、むくみや老廃物の蓄積、免疫力の低下などが起こりやすくなります。運動後の

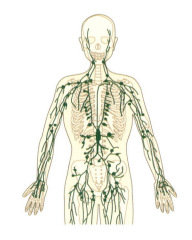

筋肉の腫脹（腫れ）といったスポーツシーン以外でも、オイルマッサージは立ち仕事後のむくみの軽減や、免疫力の向上などが期待できます。

## 効果その2 神経系に及ぼす効果

オイルマッサージは神経筋系の興奮性にも影響を与えます。手技を使い分けることで、ウォーミングアップや疲労抜きなど目的に沿った効果が期待でき、競技者のパフォーマンスを最大化する一助にもなります。

### ● 交感神経の活動を促進➡ウォーミングアップ効果

軽いタッチの強度で、速いテンポやスピードを意識してストローキング（⇒ 54 ページ）、シェイキングやロッキング（⇒ 61 ページ）を施すことで、筋肉の興奮性を高める（興奮作用）ことができます。試合前に外気温が低いなど、筋肉の緊張性が高い場合に施術を行うと、高いウォーミングアップ効果が期待できます。

### ● 副交感神経の活動を促進➡コンディショニング、疲労抜き効果

ゆったりとしたテンポで、深い圧のストローキングやニーディング（⇒ 56 ページ）、フリクション（⇒ 58 ページ）を施すことで、筋肉の興奮性を抑制し、緊張をやわらげる鎮静作用の効果が期待できます。試合後に筋肉の緊張性が高いとき、また日々の疲労の蓄積などで遅発性筋肉痛や凝り固まった身体に対して施術すると、疲労の軽減やコンディショニングにつながります。

ただし、試合直後で筋肉の興奮性が高い場合は、クールダウンや安静の時間を設けるなど、興奮性が収まるまでは強い刺激を筋肉に入れないようにしましょう。

### 効果その3　リラクゼーション効果

オイルマッサージでは使用する滑剤の潤滑作用を活かした施術により、独特の被術感覚から来る優れたリラクゼーション効果が得られるといわれています。

　オイルマッサージの施術では、オイルによって施術者の手が密着性を持ちながら肌の上を滑らかに動きます。この密着性が伴った押圧の動きが、受けての皮膚の感覚受容体に「心地よい刺激」として伝わるなど、ドライマッサージの摩擦刺激とは異なる独特な感覚をもたらし、受けてを深いリラクゼーション状態へと導きます。

### 効果その4　滑剤成分の効果

オイルマッサージで使用する滑剤には、含まれる成分によって独特の効果が期待できるものがあります。ここではその一部をご紹介します。

#### ● 滑剤によるリラックス効果

　滑剤のなかにはリラクゼーションを促進するエッセンシャルオイルが使用されているものもあります。副交感神経への刺激を謳った商材も多数展開しており、香りや経皮性からの作用を通じて心の落ち着きや、ストレス軽減といった効果が期待できます。

#### ● 滑剤によるウォーミングアップ効果

　スポーツ用の滑剤には、外気温が低いときの使用を推奨するホットクリームなど、交感神経への刺激を謳った商材もあります。温感成分もさまざまで、その時々の気温や天候など、さまざまなシチュエーションに対応できるよう、種類も豊富です。こうした滑剤は、運動やレース前のウォーミングアップを目的としたオイルマッサージに使用することでも、高い効果が期待できます。

### ● 滑剤による鎮痛・消炎効果

　筋肉痛や関節痛、捻挫の際に使用されるサロメチールやメンソレータム・ラブなどの外用薬も、マッサージと併用することで痛みの軽減や炎症を抑えるといった効果をさらに高めることが期待できます。施術を通じてこうした滑剤の成分を享受できることも、滑剤を用いるオイルマッサージ特有の効果のひとつといえるでしょう。

**オイルマッサージの基礎知識❹**

# こんなにある!?
# オイルマッサージのメリット

他のマッサージ手法では得られない
オイルマッサージならではの注目のメリットを、
効率や効果などさまざまな側面からご紹介します！

## メリットその1 施術時間を短縮できる！

　オイルマッサージの最大のメリットのひとつは、施術時間がドライマッサージに比べて短くなる傾向にあることです。押圧を持続する手技が多いドライとは対照的に、オイルでは手技の多くが潤滑作用を利用しているため、マッサージのテンポが速くなる傾向にあります。

　また、あん摩、指圧における軽擦法、圧迫法、揉捏法といったさまざまなテクニックも、オイルマッサージではストローキングとニーディングテクニックに集約される要素もあります。このため、全体的なマッサージ時間を短縮でき、限られた時間内で複数の選手に施術をすることも多いスポーツの現場などでは、特に大きなメリットとなります。

21

## ─ メリットその2 もみ返しが少ない！

　ドライマッサージでは経穴（ツボ）や特定の筋、硬結部位（コリ）などのポイントに持続圧を加えることで、緊張をやわらげる効果を発揮します。その反面、受けての個体差や個人差によって、また圧の強さにムラがあるときなどは局所的に過度のストレスがかかり、施術後に違和感や痛みなど、いわゆる「もみ返し」が生じることもあります。

　一方、オイルマッサージでは潤滑作用により、手技が肌の上を滑らかに移動することで均一な圧力を保ちやすくなります。そのため、初心者が施術する場合でも、もみ返しを起こしにくいというメリットがあり、受けてはもちろん施術家にとっても安心・安全に手技を行うことが可能です。

---

### ＼ こんなメリットも ／

#### 手汗が気にならない！

緊張やストレスが自律神経を刺激することが原因ともいわれる手汗。自分自身ではなかなか制御できないため、あん摩や指圧を学ぶ方には悩ましい問題です。その点、滑剤を使用するオイルマッサージでは手汗が問題になりません。たとえば、オイルマッサージで経験を積むことで自らの施術に自信をつけ、結果として手汗が気にならなくなるなど、オイルマッサージをうまく組み込むことで根本的な手汗問題を解決することも可能です。

## メリットその3 筋肉を正確にたどることができる！

　筋肉の走行を起始から停止まで追う際、施術者の手や指が手技ごとに受けての肌から離れる要素のあるドライマッサージの場合、手が離れた瞬間に筋肉のラインから手や指がずれる可能性もあります。一方で、オイルマッサージの特徴である潤滑作用を活かした施術では、一度触れた手を離す必要がないため、筋肉の走行を起始から停止まで正確にたどることを容易にします。

　あん摩法においても軽擦法を効果的に取り入れることで、正確に筋肉を追随することはじゅうぶん可能です。ただ、これにはかなり熟練度が問われ、一定期間の訓練が必要となります。オイルマッサージではそのプロセスを短縮でき、初心者でも比較的短期間で正確に筋肉の走行を追う施術が可能です。

### ＼ こんなメリットも ／

#### オイルとドライの併用で触診技術も向上

潤滑性と密着性を利用して筋肉を正確に追随する手技は、ドライ、オイルに関係なく、多くの施術家にとって触診技術の向上に大きく寄与します。たとえれば、これまでは皮下内部の筋肉を「くもりガラス」を通して手探りで追っていたのが、「透明なガラス」を通して見るように、手や指でしっかり状態把握できる。これこそ施術家がオイルマッサージを行う何よりのメリットといえるかもしれません。

### メリットその4 スポーツ現場で施術の需要も増加！

　海外でオイルマッサージの有用性を実感し、帰国後も施術を求める日本人アスリートが増える一方、来日した海外勢のなかにもオイル派は多く、国内でのオイルマッサージ需要は確実に増えています。特に、陸上競技や自転車競技などの持久系アスリートからの要望は多く、SNSや動画を通じた彼らの情報発信をきっかけに、オイルマッサージに対する関心は今や市民ランナーや市井のスポーツ愛好家にまでそのすそ野を広げています。

　こうした需要の高まりを背景に、最近ではオイルマッサージ関連のグッズも増加中。特に滑剤に関してはウォーミングアップ用オイルから保温効果のあるクリーム、ウォータープルーフタイプなど、さまざまなシーンに特化した商品が簡単に手に入るようになってきています。ソフトとハード両面が整い、今後は日本でもますますオイルマッサージが認知・浸透していきそうです。

オイルマッサージの基礎知識❺

# オイルマッサージで
# 必要なアイテムとは？

施術の際に欠かせないアイテムから、あれば便利のお助けグッズまで、オイルマッサージ関連の代表的なアイテムをご紹介します！

### アイテムその1 滑剤

滑剤を選ぶ際はマッサージの目的、施術者の手の状態、受けての肌質や健康状態、予算など、さまざまな観点から考慮することが重要です。それぞれの特性を理解し、安全かつ最適な滑剤を選択しましょう。

● 気軽に、リーズナブルに入手できる
### ベビーオイル

《特徴》遠征先などで急きょ施術が必要になった場合でもコンビニや薬局で気軽に、リーズナブルに入手が可能。粘性が低いため、専用商品と比較して皮膚抵抗が少なく手が滑りやすいことから、押圧が若干入れづらい傾向があります。

ベビーオイル

\ ここに注意 /

### 長時間の使用で
### 施術者の手が荒れることも

赤ちゃんの肌には最適とされていますが、連日使用した場合、施術者の手に対する攻撃性が若干高いことがあり、長期間の使用は手荒れの原因となることも。

25

● シーン別など種類も豊富
## オイルマッサージ専用の商材

〈特徴〉品質が高く、薬事法や化粧品法、PL法（製造物責任法）、ドーピングコントロールに関する基準をクリアした商材も多いので、安心・安全に使用できます。

---

### 【脂溶性】
#### エミューオイル

少量でも伸びがよく、皮膚への浸透性が高いことが特徴です。脂溶性のため、ベタつきを気にする受けてには拭き取りなどの施術後のケアも必要となります。『東京2020オリンピック』の選手村でも使用されていました。

オイル・オブ・エミュー
（Mサイズ：85mL）

---

### 【水溶性】
#### NAQI（ナキ）マッサージローション U

水溶性のため肌に優しく、ベタつきが少ないことから施術後の拭き取りやすさはもちろん、ドライマッサージとの併用にも向いています。『東京2020オリンピック』の選手村でも使用されていました。

マッサージローション
U500ml新ボトル

---

### 【脂溶性】
#### CIANA RL-U マッサージオイル

肌へのなじみが良く局所マッサージや全身マッサージまで幅広い用途で使用でき、ナッツオイルベースでなめらかな滑りが特徴のオイルです。無香料で精油との相性も◎。

CIANA RL-U
マッサージオイル

### 🟤 専門知識が必要な場合も
## アロマオイル

〈特徴〉キャリアオイルと混ぜて使用するアロマオイルですが、自ら調合する際は専門知識が必要です。皮膚トラブルなども想定し、治療院経営者やチーム所属のトレーナーが施術する場合は事前説明が不可欠でしょう。不安があれば個人使用にとどめるか、メーカー調合による商材の使用をお勧めします。

### 🟤 食べられるから安心だが割高感も
## 食材を利用

〈特徴〉専用の商材がない時代からオリーブオイルなどの食材も滑剤として活用されてきました。さまざまな基準をクリアした食品だけに安心感は高く、近年の欧州自転車競技界ではココナッツオイルがブームです。ただ、オリーブオイルを含めコストは割高になります。

### 🟤 有能ながら入手が難しい？
## ワックス系

〈特徴〉固形ワックスの滑剤はシリコン含有のため少量でも伸びがよく、液垂れが少ないのも大きな特徴です。ただ、日本ではまだ広く出回っておらず入手は困難。輸入する場合も非常にコストがかかるというデメリットがあります。

オリーブオイル

## アイテムその2 マッサージベッド

ドライ、オイルの別なく、マッサージにおいて使用するマッサージベッドの高さと幅は、施術のクオリティを大きく左右します。

### ● ベッドの高さは 50 〜 60cm が理想

　オイルマッサージ、ドライマッサージ双方とも、平均的な体格の日本人施術者にとって適切なベッド高は一般的に 50cm から 60cm が理想です。
　特に日本のあん摩マッサージ指圧のように自重を利用した施術を基本とする場合、ベッドが高すぎると体重をかけづらくなります。適切な高さのベッドでうまく自重を活かした施術ができれば、対象部位に効率的に圧をかけられるのはもちろん、腕力に頼らずに済むため施術者の疲労を軽減してくれます。また、施術家の感受性を高めることにも繋がります（詳細は 40 ページへ）。

### ● ベッドの幅は 60 〜 70cm が望ましい

　平均的な体格の日本人施術者にとって、適切なベッド幅は 60cm から 70cm の範囲とするのが一般的です。潤滑作用のあるオイルマッサージで前腕をマッサージする場合、側臥位（横向き）だと受けての体勢が不安定で滑りやすいため、仰臥位（あお向け）や腹臥位（うつ伏せ）で行うケースが多くなります。この体勢で受けての両腕が収まる幅として 60 〜 70cm が必要となります。
　広く普及している日本のあん摩指圧用のベッドは幅が 60cm 以下も多く、オイルマッサージには不十分なこともあります。反対に、ベッドが広すぎてもうまく体重をかけられなくなるので、ベッドの幅に関しても施術者・受けての体格や身長に合わせた適切なサイズを選びましょう。

**ベッドがない場合はマットで！**
マッサージベッドのない屋外や既存の施設などの場合、ヨガマットやタオルなどの敷物でも代用できます。敷物を使った施術については 130 ページでご紹介しています。

## アイテムその3 ペーパーシーツ

　オイルマッサージでは施術中にオイルが施術者の手や受けての肌、またシーツやベッドにも付着しがち。そこで、施術環境を清潔に保つためにお勧めしたいのがペーパーシーツです。エステ用品として普及していますが、布シーツやタオルとは違い洗濯の必要がないので、オイルマッサージの現場でも役立ちます。最近では布に近い質感のものも多く、コスト面でも1ロール（50枚）数千円と手ごろで入手しやすくなっています。

## アイテムその4 その他の便利グッズ

### ● 温かいおしぼり・タオルウォーマー

　オイルマッサージ後、受けての肌からオイルを拭き取る際に使用するおしぼりですが、特に冬場の施術後にタオルウォーマーで温めておいたおしぼりを使用すると、温かさと心地よさを提供でき、受けての満足度をより高めることに繋がります。

### ● ミトンタオル

施術後に選手の身体に砂や汚れが付着したときなど、少量のアルコールを含ませたミトンタオルでふき取ると、手軽に汚れを除去できます。日本ではまだあまり普及していませんが、通常のタオルで手作りすることもできます。

オイルマッサージで必要なアイテムとは？

## オイルマッサージの基礎知識❻

# オイルマッサージここに注意！

滑剤を使い、潤滑作用などを利用して行うオイルマッサージでは、
いくつかの注意点があります。
理解しておくと施術者・受けてともストレスなく快適に施術時間を過ごせます。

### 注意すべきポイント1 適量の滑剤を使用する！

　適切な摩擦係数を把握することも大切ですが、滑剤の量が多すぎてもNG、少なすぎてもNGとなるのがオイルマッサージ。ひと口に「適量」といっても滑剤の種類ごとにその量は異なります。施術部位の範囲も考慮し、それぞれの滑剤に合った量を使用しましょう。

---

#### 滑剤が多すぎると……

**滑りやすくなる！**
量が多すぎると手が滑りやすくなり、摩擦係数が低下します。特に、力を加える必要があるテクニックでは、施術の精度が落ちる原因にも。

- - - - - - - - - - - - - - - - - - - - - - - - - - - - - - - - - - - - - - - - - - -

**滑剤が垂れる！**
過剰な量の使用は液垂れを引き起こします。特に横腹などの部位に沿って垂れた場合、受けてにくすぐったさなどの不快感を与えるため要注意です。

- - - - - - - - - - - - - - - - - - - - - - - - - - - - - - - - - - - - - - - - - - -

**コストがかかる！**
滑剤はコストを伴う商材。不必要に使用量を増やすと、それだけ無駄なコストがかかることになります。

> **滑剤が少なすぎると……**
>
> **不快感や痛み**
> 滑剤が不足していると皮膚との摩擦が増え、皮膚の赤みを助長するだけでなく、不快感を超えた痛みを引き起こす原因となることも。

## 注意すべきポイント2　滑剤の攻撃性を理解しておく！

### ● トラブルの際は受けての健康最優先で対応する

　滑剤によっては肌の刺激やアレルギー反応を引き起こす可能性がゼロではないものもあります。まずは成分などを正しく理解し、適切な滑剤を選択することが重要ですが、実際には使用してみないと分からないというケースがほとんどかもしれません。滑剤の使用にあたっては、術中、術後とも受けての肌の反応を注視することが不可欠。万が一、施術中に不快感や肌の異常を訴えてきた場合は、すみやかに施術を中止し、状況に応じて専門の医師に相談しましょう。トラブルの際は、受けての健康を最優先に考慮するのがベストの対応です。

### ● 国の基準を満たす商材を使う選択肢も

　薬事法やPL法、化粧品法など国が定める基準や、国の許認可を受けた工場で生産された商品を選択することも、安全な施術を提供する上での一つの選択肢。施術者と受けての両者にとって安心材料となります。また、スポーツ選手への施術では、ドーピング検査をクリアした商材の使用が必須の場合もあるため、選手やコーチへの確認を必ず行いましょう。

## 注意すべきポイント3 体毛が多い場合の対処を用意しておく！

### ● 効果が引き出せない、コストがかかるといった問題も

　受けての体毛が多い場合、オイル成分が直接皮膚に到達することなく毛髪組織に吸収され、施術に使用するオイルの量が不足する可能性があります。そのため、オイルマッサージにおける「潤滑作用」と「密着性」といった特性が十分に発揮されにくくなり、施術の効果が引き出せない可能性があります。また、必要量以上のオイルを使うことになると、コストがかかったり施術者の手荒れといった問題にも繋がっていきます。施術者はこれらを踏まえた上で最適な施術方法を選択し、受けてに提案することが求められます。

---

〈対処例1〉
### 脱毛処理をする
体毛が多い人に対しては、可能であれば事前に脱毛処理を行ってもらうことが一般的な解決策の一つです。脱毛によって肌に直接オイルを塗布することができ、マッサージ効果を高めることができます。

---

〈対処例2〉
### ドライマッサージを勧める
施術の受けてには脱毛に抵抗感を持つ人も少なくありません。その場合、オイルマッサージに固執せず、体毛の量に効果を左右されないドライマッサージなど、別の手法を検討、提案する選択肢もあります。

## **注意すべきポイント4** 外傷の有無を見極め適切な対処を！

### ● 気づかぬうちに感染症のリスクが高まることも

　擦過傷や切り傷、手術直後などの外傷がある場合、その部位へのオイルの直接塗布は禁忌です。細心の注意を払っても、オイルが不用意に傷口に入ってしまった場合、感染症のリスクが高まる危険性もあります。外傷がある人が施術を希望する場合、安全面を最優先に適切な判断を下すことが極めて大切です。逆に、施術側で手荒れなど起こしやすい方は、手荒れ防止に医療用グローブを着用する場合もあります。医療用グローブは滅菌もされており、品質は保証済みです。感染の観点から安全性もアピールできます。

〈対処例1〉
### 事前の確認・検討
まずは外傷の有無を問診、確認し、外傷がある場合は細心の注意を払って対処するのがマスト。競技スポーツにおいてはチーム運営者や指導者、チームドクターに相談し、その指示を必ず仰ぎましょう。

〈対処例2〉
### ドレッシング材の使用
市販のドレッシング材（医療用の保護フィルム）を使用して該当部位をカバーするのも対処法の一つです。患部に貼る際は傷の大きさや炎症度合いを見極め、安全性が確実に保たれているかの判断が必要です。

〈対処例3〉
### 施術自体を行わない
外傷の状態によっては施術自体を検討する必要があります。オイル、ドライに関わらずマッサージ施術を行わない、または安全性を担保できる部位のみにアプローチするなど、慎重に見極め最適な判断を下しましょう。

オイルマッサージここに注意

### 注意すべきポイント5　タオルテクニックを活用しよう！

#### ● 受けての快適性や体温管理を大きく左右する

　オイルマッサージにおけるタオルテクニックは、受けての快適性や体温管理を大きく左右します。オイルなどの滑剤は、通常水分を含んでいるため、肌に塗布された滑剤が気化する際には体温が奪われる現象が生じます。この気化熱による皮膚温度の低下により、受けては施術者が感じる以上に室温を「低い」と感じ、寒さを訴えたり我慢したりすることが意外に多いのです。こうした受けての体感は、マッサージに対するストレスや不快感に繋がるだけでなく、筋肉のこわばりによってオイルマッサージの効果も半減しかねません。

#### ● 施術中も受けてに確認しながら万全の保温対策を！

　受けての皮膚温度が奪われるのを防ぐ保温対策として欠かせないのがタオルテクニック。具体的には施術が終了した部位やオイルが塗布されている部位に、適切なタイミングでタオルを掛ける作業を行います。施術者は気化熱による皮膚温度の低下についてしっかり理解し、施術中も受けてとのコミュニケーションを通じて冷えの有無や程度を都度確認しながら、万全の保温対策を講じましょう。

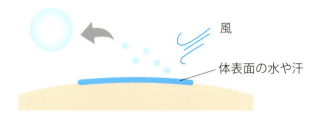

気化による体温の喪失

## 注意すべきポイント6 テーピングと併用する場合は？

### ● オイルが肌に残りテープがはがれやすくなることも

施術後にオイルを拭き取っても、皮膚上に残ったオイルでテープがはがれやすくなることがあります。アンダーラップ（予備テープ）を巻いた上からテーピングを行う場合は問題ありませんが、キネシオテープなどを直接肌に貼るテーピングでは、どうしてもはがれやすいという問題に直面しがちです。

対策として、まずは施術前に受けてとよく話し合い、テーピングが必要な場合はオイルマッサージとの併用を避ける、あるいはテープ貼付部位を避けて施術するなど解決策を探っていきましょう。また、近年ではオイルマッサージ後の貼付でもテープがはがれにくい専用のスプレーも市販されており、オイルマッサージとテーピングが併用しやすくなってきています。

## 注意すべきポイント7 滑剤で施設を汚さない！

オイルの性質上、施術中に意図せず施設の床や壁、カーテンなどを汚してしまうことがあります。このリスクを避けるために準備・対策をしっかりしておきましょう。

〈対策例1〉

### 汚しにくい容器を選ぶ

オイルを入れる容器のフタを開けたままにするのは厳禁。また、フタがネジ式の分離タイプよりワンタッチで開閉できるタイプ、あるいはプッシュ式のタイプを選ぶと、誤って倒れたときにもオイルこぼれを最小限に抑えられます。

〈対策例2〉

### タオルなどで養生しておく

オイルが直接触れる可能性がある箇所に、あらかじめタオルやカバーなどを敷くのも有効です。特にオイル容器の周辺はしっかり養生しておきましょう。遠征先で施設を使用する際は、オイルが使用できるか事前の確認をしておくと安心です。

〈対策例3〉

#### 受けての持ち物にも配慮を

施術を受ける人の荷物や備品も、意図せず汚しやすいものの一つ。荷物の保管スペースを確保しておく、カバーを掛けておくなどの配慮を忘れずに。

## 注意すべきポイント8 施術後のタオルの取り扱いは？

### ● 使用するオイルによっては乾燥機で火災のリスクも

オイルの拭き取りに使用したタオルの取り扱いには特別な注意が必要です。特に、脂溶性のオイルが付着したタオルは、洗濯で油分が完全に除去されないまま乾燥機にかけた場合、火災発生のリスクも生じます。脂溶性オイルでのマッサージで使用したタオルは、乾燥機を避けて自然乾燥させるのが賢明な判断です。

水溶性のオイルでは、こうしたリスクはかなり回避できますが、なかには滑りをよくするために微量の脂溶性オイル成分が混ざっている商材も。オイルの成分に関わらず、オイルマッサージで使用したタオルは自然乾燥を心がけましょう。

## 注意すべきポイント9 受けてのプライバシーには細心の配慮を

### ● タオルでの肌のカバーやドアプレートなどの工夫を

衣服の着脱が伴うオイルマッサージでは、受けてのプライバシーの尊重が必須であり、双方の信頼関係が構築されていることが大前提です。施術中も余計な肌の露出を抑えるために、タオルテクニックを用いて適切にカバーリングを行うことが、安心・安全の施術に繋がります。

遠征先や宿泊施設での施術では、第三者の不要な入室を防ぐために「施術中につき入室の際はノックを」といったドアプレートをかけたり、入室ルールを設けたりするなどして、受けてのプライバシーに配慮しましょう。

すべての施術家やトレーナーにとって、受けてとのオープンなコミュニケーション、プロフェッショナリズムの維持、そして一貫した配慮と信頼関係の構築こそが施術の本質といえます。

**オイルマッサージの基礎知識❼**

# オイルマッサージ
# 施術後の処理方法は？

タオルで拭き取るだけじゃない？
オイルマッサージ後に肌に残った滑剤のさまざまな処理方法をご紹介します。

## ● 受けての要望や湿度、肌質によっても変わってくる

　オイルマッサージ後は、皮膚に残ったオイルなどの滑剤の処理が必要です。処理方法は多岐にわたるため、まずは施術の受けてに処理方法の要望を聞いてみましょう。油分を残すことで肌のうるおいを保ちたいという人もいれば、完全に油分を拭き取ってほしいという人などさまざまです。

　受けてからの要望のほか、その人の肌のコンディションやその日の気候・環境、特に湿度によっても処理方法は変わってきます。高温多湿な日本では、同じ滑剤を同じ量使ったとしても、ヨーロッパにおける処理方法とは全く違ってきます。また、試合前の選手が、ウォーミングアップとしてスタートオイルやクリームを使ったマッサージを受けた場合、皮膚に土埃や塵が付着するケースも少なくありません。その場合はアルコール系の商材や消毒用エタノールを使用して残留オイルを拭き取るのが一般的です。

　処理方法を選択する際は、滑剤の成分の影響も考慮しなければなりません。滑剤は水溶性と脂溶性に大別されますが、水溶性のほうがベタつきが残りづらいという特徴があります。一方、脂溶性とひと口にいっても、オイルの残留感は商材ごとに異なります。

オイルマッサージ施術後の処理方法は？

# 残留オイルのおもな処理方法

オイルマッサージ後の残留オイルのおもな処理方法をご紹介します。
残留量の多さや用途も明記していますので、処理の際の参考にしてください。

## 残留オイル ●●●●● （かなり多い）

**〈処理方法〉何もしない**
乾燥肌やオイルの保湿効果を最大限に得たい人向き。ただ、衣類に残留オイルが
付着するので、通常は受けての要望があった場合のみの処理方法となります。

## 残留オイル ●●●●● （多め）

**〈処理方法〉ドライタオルで拭く**
保湿目的などで肌に多少の油分を残したい人のための処理方法です。水溶性のオ
イルなどベタつきが少ない滑剤の場合、この方法でもじゅうぶん滑剤を除去でき
ます。

## 残留オイル ●●●●● （普通）

**〈処理方法１〉水で絞ったタオルで拭く**
ドライタオルより残留オイルをしっかり除去できますが、多少の油分も皮膚上に
残ります。タオルウォーマーで温めたおしぼりを使う場合も、この処理方法で行
います。

**〈処理方法２〉専用のリムーバーを含ませたタオルで拭く**
競技前にスタートオイルやホットクリームでオイルマッサージを受けた選手は、
競技後に大量の土埃や塵が皮膚に付着しています。その場合は専用リムーバーを
利用するのも有効です。専用リムーバーにはアルコールベースや塗りやすいジェ
ルタイプなどさまざまな種類があります。

## オイルマッサージ施術後の処理方法は？

### 残留オイル ●●●●●● （少なめ）

**〈処理方法〉消毒用エタノールを含ませたタオルで拭く**

オイルを迅速かつ確実に落とせますが、揮発性の高いアルコールは肌のうるおいまで除去し、乾燥させる可能性もあるため、敏感肌や乾燥肌の人には不向きです。専用リムーバー同様、競技後にオイル塗布面に汚れが付着した選手に対しても有効です。

### 残留オイル ●●●●●● （少ない）

**〈処理方法〉シャワーを浴びる**

もっとも効果的にオイルを除去する処理方法の一つです。油分を落とし、肌を清潔に保つことができますが、シャワー設備が必要となります。

### 残留オイル ●●●●●● （なし）

**〈処理方法〉アルコールで拭き取り、さらにシャワーを浴びる**

オイル成分を徹底的に落としたいという人には、アルコールとシャワーの併用が効果的。ただ、W除去による肌への負担を考慮する必要があります。

**オイルマッサージの基礎知識❽**

# 理想の施術姿勢とは？

適切な姿勢で施術を行うことは、
オイルマッサージ技術の質や効果を高めるだけでなく、
施術者の身体的負担を軽減する上でも特に重要なポイントとなります。

## ● 正しい姿勢こそが効果的、効率的な施術を可能とする

オイルマッサージの特徴の一つに、手の密着性があります。この密着性により筋肉を始めとする身体組織の追随性が高まり、ドライマッサージで数年かかる触診技術の習得も比較的容易になります。しかし、それはあくまで正しい姿勢で施術した場合。不自然な姿勢のまま実施すると、手技を腕力に頼るような小手先の施術に陥りやすくなります。その結果、触診技術の感受性の低下を招くだけでなく、施術者の関節や腱にも大きな負担がかかります。

## ● 正しい姿勢ほど受けての状態を繊細に感じ取れる

施術者は姿勢を正しくすることで、受けての身体の反応を自らの身体の中心で感じ取りやすくなります。手先だけで押圧するのに比べて感受性が高まり、より適切な手技や負荷の選択が可能となるため、施術の質が向上します。これは施術家が技術を進化させる上で非常に重要なポイントです。技術的進歩が感じられない、頭打ちになっていると感じている施術家でも、基本姿勢を見直してスランプを脱出したという方は多いのです。

**これだけは押さえておきたい**

## 施術姿勢の基本ポイント

| | |
|---|---|
| ◆体重のかけ方 | 手首や肘など腕力を頼らず自重を活かす。 |
| ◆ベッドの高さ | 高すぎるベッドでは自重を利用した施術が困難（⇒ 28 ページ）。 |
| ◆視線の向き | 対象部位に視線と意識を集中する。自重を乗せることに集中しすぎて身体を屈曲させたり、頭が下がりすぎたりしないように注意。 |
| ◆肩の位置 | 肩甲骨を引き下げた位置（下制位）に保ち、肩に力を入れない。肩をすぼめて力むような姿勢になってしまう場合、ベッドが高すぎる可能性も。 |
| ◆身体の向き | 施術ポイントに身体の正面を向ける。身体をねじるなど無理な姿勢では施術のクオリティが下がる。 |

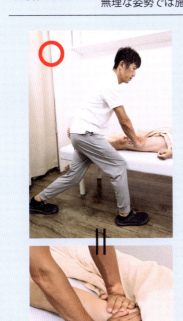

理想の施術姿勢とは？

**ドライにもオイルにも通じる**

## 施術で自重をかけるメリット

日本の按摩指圧では、施術者の自重を効率よく手技に活用することで、正しい押圧が可能となります。武術の身体操作にも通じる身体の使い方は、オイルマッサージでもぜひ習得したい技術のひとつです。

### 自重のメリット

| | |
|---|---|
| ◆**疲労が少ない** | 長時間の施術でも疲れにくく、関節や腱を痛めにくい。 |
| ◆**効率的** | 力に頼らないため施術の効率もアップ。 |
| ◆**感受性の向上** | 力任せの施術に比べ、体幹部や肩甲骨の動きを通じて受けての状態や反応をより正確に、繊細に感じ取ることができる。 |

**オイルマッサージの基礎知識❾**

# 施術にかける
# 時間と強度はどれくらい?

施術に際して適切な時間と強度を決めるには、
多くの要因を考慮する必要があります。
時間と強度、それぞれに決めてとなるポイントをご紹介します。

## ベストの刺激量は"中間ゾーン"に存在している

　マッサージでは、長過ぎる施術時間や過剰な押圧によって身体に不調を引き起こすケースも考えられます。医学的エビデンスでは、マッサージによる押圧の効果は、おもに皮下血流の増加に関連しているとされています。この血流増加は施術の刺激量、つまり「時間」と「強度」に大きく依存します。

　刺激量が低すぎると必要な血流増加に繋がらず、期待されるマッサージ効果は得られません。反対に、刺激量が高すぎると過剰な血流増加が起こり、炎症のリスクが高まります。適切な刺激量はこれらの"中間ゾーン"に存在しており、さまざまな観点から的確に見極めることが効果的、かつ安全なマッサージを実践する鍵となります。

## 過剰な刺激こそミスであるという認識を持つ

　施術における適切な時間と強度を決定するときに、もっとも考慮したいのが「受けての安全」です。特に経験の浅い施術者の場合、効果を追求するあまり過剰な刺激量を受けてに与えてしまいがちです。それは施術本来の目的とは真逆の結果を招くことになります。一番大切なのは、「リスクを取って過剰な刺激を与えることこそ重大なミスである」という認識です。

43

**シーン・目的別**

# オイルマッサージの所要時間

## 全身調整やコンディショニング ➡ 45〜90分

　コンディショニングや全身調整が目的の施術では、一般的に 45 分から 90 分、場合によってはそれ以上必要とされることが多いです。また重度の筋肉疲労や慢性的な痛みがある人や、身長や筋肉量が多い人に対しても、状態を確認しながら時間をかけて施術することがあります。

## 特定の箇所に対する施術 ➡ 15〜30分

　特定の痛みや不調を対象とした局所的な施術の場合、15 分から 30 分の短い時間で行う場合が多いです。また、高齢者や健康問題を抱えた人に対しても、状態に合わせて施術時間を短く調整する場合があります。

## 試合前のウォーミングアップ ➡ 5〜10分

　スポーツ現場などで試合前にウォーミングアップ目的で施術を行う場合は、5 分から 10 分ほどで筋肉に刺激を入れていきます。時間をかけ過ぎると、局所の張りや全身のだるさなどが生じ、パフォーマンスに影響を及ぼすので注意しましょう。

**施術時間を決める指針にも**

# 施術の強度を決めるポイントは？

マッサージは全体的な健康状態や心理的要因にも影響を及ぼすため、全てを総合的に考慮して施術を行います。ここでは施術の強度を決める判断材料の一部を紹介していますが、施術者には知識はもちろん、臨床経験の積み重ねも必要になってきます。

---

### 〈強度を決めるポイント１〉受けての身体の状態や症状

受けての体格や筋肉量のほか、健康問題や怪我の有無、年齢なども施術強度の調整に影響を与えます。高齢者や怪我をしている人、または特定の健康状態にある人には、通常よりも穏やかな施術が必要な場合があります。施術前には丁寧に相手の状態を聞き取り、強度を決めていきましょう。

---

### 〈強度を決めるポイント２〉受けてとのコミュニケーション

施術中、受けてに直接確認を取ることで、その人の感じる痛みや快適さの度合いを正確に把握でき、施術の強度をリアルタイムで調整することができます。ただ、受けてによっては不必要に強い押圧をリクエストするなど、医学的観点からみて症状の悪化を招きかねない要望をすることもあります。その場合はエビデンスに基づいた説明とともに要望を断ることも時には大切です。

---

### 〈強度を決めるポイント３〉触診技術の活用

施術者の手から伝わる情報は、筋肉組織の硬さ、熱、動きなど感覚的な情報が多数含まれており、強度を決める指針となります。施術者は感覚を研ぎ澄ませ、自身の手から伝わる情報を感じ取ることが重要です。オイルの密着性により、身体からの情報量がより伝わりやすくなるので、ドライマッサージを行う施術者にとっても触診技術の向上に繋がります。

〈強度を決めるポイント4〉筋性防御

　「筋性防御」とは、施術の受けてが過剰な刺激から身を守るために無意識に筋肉を緊張させる反応です。この反応が見られた場合、施術の強度が高すぎる可能性があります。治療目的の場合は例外的なケースもありますが、基本的には筋性防御を引き起こさない範囲で施術を行うことが施術の原則です。筋性防御で緊張している筋肉を、疲労による硬さと混同することがあるので、集中して丁寧に判断しましょう。

---

**オイルマッサージの基礎知識❿**

# リカバリーの戦略と
# マッサージのタイミング

試合に向けたトレーニング計画と同様に、
適切な「リカバリー計画」も競技力や戦績アップを左右します。
ここでは、スポーツ選手のリカバリー計画や戦略に
マッサージを効果的に組み込むヒントをご紹介します。

## ● 適切なタイミングで適切な施術方法を選択しよう

　近年、スポーツパフォーマンス分野において「リカバリー」の重要性が叫ばれ、ドライマッサージやオイルマッサージもリカバリー戦略の一つとして注目されています。

　スポーツ現場におけるコンディショニング目的のマッサージには、大きく分けて「疲労回復マッサージ」と「調整マッサージ」の2種類があります。選手のパフォーマンス向上を目的とした場合、その使い分けと施術のタイミングを理解しておく必要があります。

リカバリーの戦略とマッサージのタイミング

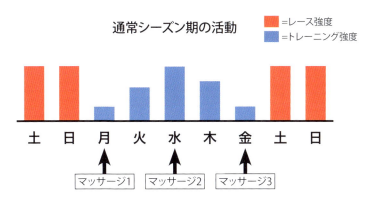

マッサージの導入例1。1週間の周期でサイクルを組んだ場合

| | 1週<br>高負荷 | 2週<br>高負荷 | 3週<br>テーパリング | 4週<br>テーパリング |
|---|---|---|---|---|
| 月 | 休み | 休み | 休み | 休み |
| 火 | アクティブ<br>リカバリー | アクティブ<br>リカバリー | アクティブ<br>リカバリー | アクティブ<br>リカバリー |
| 水 | 高強度<br>トレーニング | 高強度<br>トレーニング | 中強度<br>トレーニング | 刺激入れ |
| 木 | 高強度<br>トレーニング | アクティブ<br>リカバリー | アクティブ<br>リカバリー | アクティブ<br>リカバリー |
| 金 | アクティブ<br>リカバリー | アクティブ<br>リカバリー | アクティブ<br>リカバリー | 休み |
| 土 | 高強度<br>トレーニング | 高強度<br>トレーニング | 中強度<br>トレーニング | アクティブ<br>リカバリー |
| 日 | 高強度<br>トレーニング | 高強度<br>トレーニング | 中強度<br>トレーニング | レース |

マッサージの導入例2。1ヵ月の周期でサイクルを組んだ場合（赤矢印のところでマッサージを行う）

## リカバリー計画の一例

**〈試合2～3日前〉疲労回復マッサージで筋肉の緊張をしっかり抜く**
「疲労回復マッサージ」は、身体に深い刺激を与えることで日頃のトレーニングによる筋肉の緊張をしっかりと抜く施術です。試合や激しい運動の2～3日前に行うことで筋の緊張や疲労が取り除かれ、そのリラックス状態から徐々に筋肉が正常化して試合や運動当日を迎えます。

**〈試合直前〉調整マッサージで身体を整える**
「調整マッサージ」は軽い刺激で筋肉を整えることを目的としています。当日、試合やハードな運動の直前に行うことで筋肉の余分な緊張を取り除き、身体の調整を図ります。

**〈試合直後〉調整マッサージでドレナージュ効果を狙う**
激しい運動直後の筋肉の炎症期には、軽い刺激の調整マッサージを行います。リンパの流れを促し老廃物を排出する「ドレナージュ効果」も狙うことで、初期の回復フェーズを手助けする目的もあります。

**〈試合2～3日後〉回復期に入ったら再び疲労回復マッサージ**
試合から2～3日が経過し、筋肉の炎症状態が収まった段階で、再び疲労回復マッサージを行います。数日のインターバルを入れることで、筋肉に過度な負荷をかけることなく身体へ深く介入するマッサージを行うことができます。

### ● 試合の直前・直後に疲労回復マッサージを入れてもよい？

　試合など高負荷運動の直前・直後に身体に深い刺激を入れる疲労回復マッサージを行う場合、副作用のリスクも考慮しておきましょう。フルマラソン直後の筋の炎症や浮腫みが出ている状態で疲労回復マッサージを希望する選手もいますが、炎症の取れる回復フェーズで行ったほうが、より高い効果が期待できます。

〈疲労回復マッサージの副作用のリスク〉

**試合など高負荷運動の直前⇒**

**筋力低下：**深い刺激によって筋肉が過度にリラックスすると、一時的に筋力が低下し、試合や運動で必要な瞬発力や持久力に悪影響を及ぼす可能性があります。

**神経の感度低下：**筋肉や関節の感覚が鈍くなることで、運動の精度や反応速度が低下することがあります。

**試合など高負荷運動の直後⇒**

**筋肉の炎症を助長：**激しい運動後は筋肉が微細な損傷を受けており、炎症状態にあります。このタイミングで強いマッサージを行うと損傷が悪化し、炎症からの回復が遅れる可能性があります。

## ● マッサージに対する選手の反応・効果には大きな個人差がある

　ここまでリカバリー計画の一例や、マッサージで起こりうる副作用などを紹介してきましたが、これらが全ての人に当てはまるわけではありません。

　たとえば、短距離選手は筋力と瞬発力を維持するために、試合直前のマッサージはより慎重に行う必要があります。一方で、長距離選手は持久力と筋肉の回復を重視し、マッサージのタイミング、頻度、強度を異なるタイミングで調整することも珍しいことではありません。

　ツール・ド・フランスのような3週間にわたる強度の高いレースに挑むなかには、疲労を抜くために連日、深い強度の施術を受ける選手も数多くいます。高度に鍛錬された選手においては、筋肉の損傷を最小限に抑える体質を持ち、連日のマッサージ施術により筋肉の柔軟性が高い状態にあります。このように、特殊な環境とトレーニング計画に基づいたリカバリー戦略のもとで、通常の理論を超えたアプローチを取るケースも存在します。

　いずれにせよ、施術者は理論を深く理解すると同時に、選手の体質や競技の特性を考慮し、また選手への問診で随時修正を図りながら、最適なマッサージのタイミングと方法を提案することが、最良のリカバリー戦略への近道となります。

## オイルマッサージ

# Q&A Part1

## Q 筋肉の走行が うまくとらえられません

## A まずは筋肉を理解し、実践を重ねましょう

筋肉の走行を正確にとらえるためには、まず解剖学の基本である筋肉の名前や作用、起始・停止部を理解することが重要です。その後、自分の身体や練習相手の筋肉を実際に触れることで練習をするとよいでしょう。オイルマッサージは、手と肌の密着性が高く、潤滑作用のおかげで筋肉の走行を正確に捉えやすくなります。指圧やあん摩などの潤滑作用のないドライマッサージは、各押圧の移動において手が組織から離れるため、その難易度は上がります。また着衣の上から施術することも多いため、筋肉の追随が難しくなります。オイルの特性を活かせばそのハードルが下がり、筋肉の走行をより確実にとらえることが可能です。

## Q 筋肉が硬くて ほぐれないときの対応は？

## A 原因は多様。それぞれに合ったアプローチを

硬さの原因は多岐にわたるため、まずはあらゆる可能性を探ることが大切です。運動による疲労とは別に、もともと筋肉自体の質が硬い人もいます。また、自律神経の乱れによる過緊張が原因の場合、精神的なストレスが筋肉の緊張を引き起こしている可能性があるため、物理的な施術では解決しにくいことがあります。さらに、ターゲット部位以外の拮抗筋や協働筋由来の場合もあります。拮抗筋は、たとえば上腕二頭筋の施術時に上腕三頭筋の硬さが影響しているなど反対方向に作用する筋肉、協働筋は同じ動作をサポートする筋肉で、大腿四頭筋の硬さが腸腰筋や大殿筋の影響を受けていることもあります。経験を重ねながら原因や要因を見極める力をつけ、より適切なアプローチをしていきましょう。

# 第2章

## オイルマッサージの基本手技

オイルマッサージの施術で使用する
基本の手技をご紹介します。
施術する部位や受けての状態、
症状などに合わせて使い分けましょう。

## 手技で使う手の部位と名称

ドライマッサージと同様に、オイルマッサージも手の付け根付近から指先まで、さまざまな部分を使って手技を行います。マッサージの現場において、親指は「拇指」、人差し指は「示指」など、ふだんの呼び方とは異なる名称を用いる場合も多いので、改めて手の各部位とその名称をおさらいしておきましょう。

### 手の名称

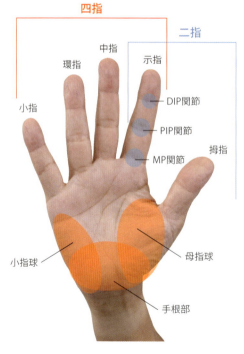
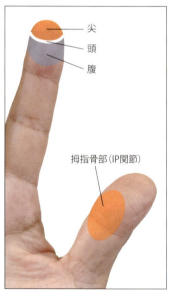

## おもな手技で使う各部位

オイルマッサージのメインの手技であるストローキングとニーディングで用いる手の各部位を確認しておきましょう。

手技で使う手の部位と名称

手掌ストローキング・手掌ニーディング

手根ストローキング・手根ニーディング

拇指ストローキング・拇指ニーディング

四指ストローキング・四指ニーディング

二指ストローキング

手掌ニーディング

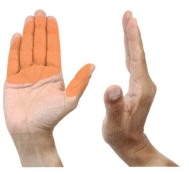
拇指ニーディング

53

## オイルマッサージの基本手技

オイルマッサージではおもに6つの基本手技を使い分けます。
よく使う順にそれぞれの目的と特徴、種類をご紹介します。

### 基本手技 ❶ ストローキング　Stroking

　あん摩マッサージにおける「軽擦法」にあたるストローキングは、オイルマッサージの中心的な手技で、一般的な施術の8割はこの手技に集約されます。ストローキングを主軸に、ニーディングやフリクションを併用するというのがベーシックなオイルマッサージの施術となります。

　Stroking（撫でる・擦る）の言葉どおり、あらゆるマッサージの基本手技であることはもちろん、手と皮膚の密着性の高さから、受けての身体の状態を把握する上での情報収集、つまり触診としての役割もあります。施術者は適切な圧力と密着性を維持し、受けての反応を常に確認しながら行うことが施術のポイントとなります。

使用する部位

#### 手掌ストローキング

**方法**…手のひら全体を使って広い面を撫でるように施術します。
**特徴**…拇指側と小指側、両側からの施術が可能。特に、小指側から施術すると手の当たりが広くなり刺激が少ないため、施術の開始や終わりに適しています。
**適用部位**…全身の広い部位。

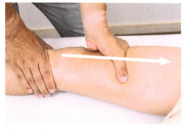
縦方向

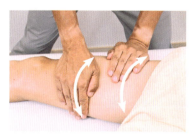
横方向

## 手根ストローキング

使用する部位

**方法・特徴**…手首の根元を使い自重で垂直圧を入れます。筋肉の深部に強い圧面作用を加えられるため、深部筋群の緊張を効果的にほぐせます。
**適用部位**…腰背部など深い圧を必要とする部位。

## 四指ストローキング

使用する部位

**方法・特徴**…四指の腹を使い押圧を加えたまま撫でるように施術します。手掌ストローキングより細かい部分へのアプローチも可能です。
**適用部位**…おもに腰背部。

## 二指ストローキング

使用する部位

**方法・特徴**…人差し指と中指の腹で押圧を加えたまま撫でるように施術します。四指ストローキングよりピンポイントで深い施術が可能です。
**適用部位**…脊柱起立筋群や多裂筋群など。

## 拇指ストローキング

使用する部位

**方法・特徴**…拇指による施術のため、より多彩な手技が可能です。強い圧を入れると手技はフリクション（58ページ）になります。
**適用部位**…脊柱起立筋群や多裂筋群、さらに細かい施術が必要な部位。

オイルマッサージの基本手技

55

## 基本手技 ❷ ニーディング　Kneading

　パン作りや粘土細工において材料をこねる動作を意味するニーディング（kneading）。マッサージにおいては筋肉を揉みほぐす動作を指します。あん摩指圧では「揉捏法(じゅうねつ)」または「把握揉捏法」と呼ばれ、筋肉の深部にある硬結や緊張を解消するために使用されます。基本的にはストローキングの手技と併用されることが多いです。

　筋肉の深部にアプローチできるほか、血液やリンパの流れが促進され、新陳代謝が活発になります。これにより、体内の老廃物が排出されやすくなり、筋肉の回復を助けるといった血行促進作用もあります。加えて、ニーディングには筋肉を柔軟にし、弾力性を高める効果もあるので、効果的に用いることで怪我の予防やパフォーマンスの向上にも寄与します。

使用する部位

### 手掌ニーディング①

方法…両手の手掌前面を施術部位に交互に当て、一方の手は手前から奥に、もう一方の手は奥から手前に動かしながら行います。両手が交差する際に、筋肉をこねるように動かします。
特徴…筋肉の広い面に対してリズミカルに行います。
適用部位…大腿やふくらはぎの腓腹筋、肩まわりの僧帽筋など。

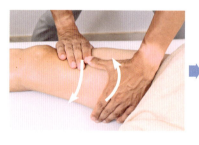

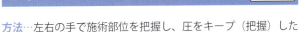

使用する部位

### 手掌ニーディング②

**方法**…左右の手で施術部位を把握し、圧をキープ（把握）したままこねるような動作を交互に繰り返します。
**特徴**…前述の手掌ニーディング①より深い部分の筋肉に対して強い圧力をかけることができます。
**適用部位**…大腿や腓腹筋、僧帽筋など。

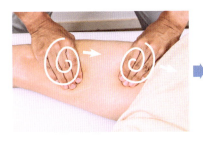 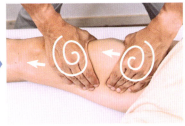

使用する部位

### 拇指ニーディング

**方法**…両拇指（片手でも可能）を使い、交互に揉捏しながら施術部位の筋肉の走行に沿って圧を加えます。
**特徴**…細かな部位に対して細かく、リズミカルに圧と揉捏の刺激を加えます。特に前腕部などに適しています。
**適用部位**…前腕、腓腹筋、腰背部などの細かい部分。

オイルマッサージの基本手技

57

## 基本手技 ❸ フリクション　Friction

　「摩擦」を意味するフリクション（friction）は、マッサージあん摩では「強擦法」に分類されます。硬結部位や硬い組織に対して強い摩擦を加える手技で、組織の緊張緩和、血行促進などに効果的です。特に拇指を使ったフリクションは、足底や前脛骨筋などの硬い部位に有効であり、痛みの軽減や可動域の拡大を促します。筋膜の癒着を解消する筋膜リリースや、筋膜の柔軟性を高めることで弾力を取り戻すなど組織の柔軟性向上、硬結部位などに摩擦を加えることによる痛みの緩和、さらに筋肉や関節の可動域拡大も期待できるため、運動後のケアやリハビリにも役立ちます。

使用する部位

### 拇指フリクション

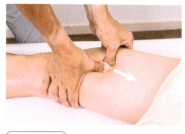

**方法**…母指を使い、特定の部位に対して圧力をかけながら摩擦を加えます。
**特徴**…強い圧をかけることで、硬い組織をゆるめる効果があります。
**適用部位**…纐纈部位や硬い組織のほか、腰背部や下肢、足底の筋膜や組織。

使用する部位

### 二指フリクション

**方法**…示指と中指の腹を使い、指の形を若干鍵状にして固定し、強い押圧を加えます。
**特徴**…小さな接触面で強い押圧を加えることが深部の筋肉に対して効果的です。
**適用部位**…特に脊柱起立筋群や多裂筋などの深部筋肉。

## 基本手技 ❹ スピンドル　　Spindle

　スピンドル（spindle）は、マッサージあん摩における「指踝軽擦法」と呼ばれる手技で、施術者が深い押圧を比較的ラクに入れられるという大きなメリットがあります。そのため、大きな体格の受けてや筋肉量の多い部位を施術する場合、また長時間の施術や力の弱い施術者でも効果的に施術を行うことが可能です。施術により筋肉の緊張緩和や血行促進、リラクゼーションにも効果を発揮するなど、多くの効能が期待できる手技でもあります。

**方法**…拳を握ったときにできる MP 関節（中手指節関節）と PIP 関節（近位指節関節、52 ページ参照）の間の面を使い、軽く滑らせるように圧を加えます。力を入れすぎず、ゆっくりと圧をかけるのがポイントです。
**適用部位**…大腿四頭筋やハムストリングなど大きな筋肉群。

### 片手で行った場合

使用する部位
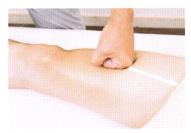

### 両手で行った場合

使用する部位
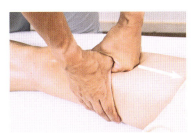

## 基本手技 ❺ パーカッション　Percussion

　パーカッション（Percussion）は、あん摩指圧では「叩打法（こうだ）」と呼ばれ、軽くリズミカルに叩くことで筋肉を刺激する手技です。筋肉の活性化を促すことで筋肉の緊張を解消し、弾力性を向上させる、あるいは血液循環の改善により新陳代謝が活発になり血行が促進される、心地よい刺激でリラクゼーション効果を高めるといった目的で施術を行います。また、施術の終わりにパーカッションを行うことで、受けてに施術が終了したことを伝える合図としても用いられます。施術者は、適切なリズムと圧力を維持し、受けての反応を常に確認しながら行うことが施術のポイントとなります。

　パーカッションには部位や目的により、カッピング（泊打法）やハッキング（切打法）などのバリエーションがあります。

### カッピング（泊打法）

方法…手のひらをカップ状にして、リズミカルに叩きます。
特徴…空気のクッションを利用して柔らかい刺激を与えることができます。
適用部位…腰背部などの広い面積の部位。

使用する部位

### ハッキング（切打法）

方法…手の側面（小指側）を使って軽く叩きます。指と指をわずかに開き軽く脱力するのがコツです。
特徴…リズミカルに行うことで、リラクゼーション効果が得られます。
適用部位…大腿部や腰部など、筋肉の厚い部位。

使用する部位

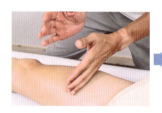

## 基本手技 ❻ ロッキングとシェイキング　Rocking & Shaking

　あん摩指圧で「振せん法」と呼ばれるロッキング（Rocking）は、筋肉を持って素早く振る動作を行い、同じく「錐揉状揉捏法」と呼ばれるシェイキング（Shaking）は、筋肉を持ってシェイクするように振動させる手技です。どちらも素早い振動が筋肉の緊張をほぐし、柔軟性を高めたり、振動による血液循環が改善され、酸素や栄養素の供給促進効果が期待できます。

　また、筋肉に刺激を与え、活力を引き出すことから、アスリートのウォーミングアップにも適しています。交感神経を優位にすることで試合に向けて準備を整えたり、動きのよい筋肉の揺れを感じさせることで、やる気やモチベーションの向上につなげたりする手段としても用いられています。

### ロッキング（振せん法）

方法…対象部位を持ち、リズミカルに素早く振動させます。
特徴…筋肉の緊張緩和や血行促進以外にも、筋肉に刺激を与え活力を引き出す、受けてに自身の筋肉の弾力性を把握させるといった効果も期待できます。
適用部位…おもに下肢、特に大腿部。

使用する部位

### シェイキング（錐揉状揉捏法、きりもみ）

方法…対象部位を持ち、素早くシェイクするように振動させます。筋肉をかき混ぜるようなイメージで行います。
特徴…受けての活力やモチベーションアップ、筋肉の弾力性の把握にも有効です。
適用部位…おもに下肢、特に大腿部。

使用する部位

> ## オイルマッサージ 手技のポイント

オイルマッサージを実践する上で、
これだけは押さえておきたい基本のポイントをご紹介します。

### Point1

## ストローキングが手技の8割

オイルマッサージでストローキング手技（54〜55ページ）が多く用いられる理由は、滑らかな手の動きにより圧力を維持したまま広範囲に施術できる点にあります。この特徴により、筋の浅層を狙った軽い刺激から、硬結部位や筋肉の深層へのアプローチまで、手技の強弱の調整のみで対応できます。同様の施術をドライマッサージで行う場合、軽擦法や圧迫法、把握揉捏法など複数の、しかも難易度の高い手技を組み合わせる必要があります。その点、オイルマッサージの場合は手技の多くがストローキングに集約されるため、組織を正確にとらえやすく、適切な圧力を加えやすくなるのも大きなメリットです。

### Point2

## 手技の流れを止めない

オイルマッサージの大きな特徴は、滑剤を使用することで手が滑らかに動き、施術中に手を離す必要がなくなる点です。これにより、施術部位を移動する際や手技のフェーズが変わる際にも、手を肌から離すことなく、より一貫した施術を行うことができます。

オイルマッサージの利点を最大限に活かすためには、手技の流れを止めないことが大きなポイントとなります。具体的には、楕円や円を描くようなイメージで手を動かすと良いでしょう。連続的な動きを意識することで施術にリズムが生まれ、また手から伝わる受けての筋肉の情報量も大幅に増えるなど、より質の高い手技が可能となります。

オイルマッサージ 手技のポイント

---
**Point3**

# 基本は軽い刺激からスタート

　いきなり強い押圧を加えると、受けてにとっては過度の刺激となり、筋肉が防御反応を示す可能性があります。そのため、まずは軽い刺激から始め、徐々に深い刺激に移行するのが施術の基本となります。

　軽い刺激とは2つの要素から成り立っています。1つ目は押圧の強さ、そして2つ目は施術者の手が受けてに接触する面積です。広い面積で手技を行うと刺激が分散し、受けてには軽い刺激と感じられます。そこで、施術においては「手掌全体→手根→四指→二指→拇指」など、押圧する手の面積を徐々に狭め、最終的には拇指による小さな圧で深部の筋群にアプローチしていくのが理想です。これはオイルに限らず、浅く広い刺激に始まり、徐々に深く一点圧の刺激へと移行するグラデーション的手技がマッサージの原則といえます。

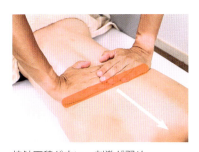

接触面積が広い＝刺激が弱め

接触面積が狭い＝刺激が強め

63

## Point4
## 筋肉の起始停止をとらえる

　骨格に付着する筋肉の両端部分を「起始・停止」といい、マッサージで筋肉の走行を正確にとらえるには、各部位の起始停止を把握することが大切です。

　起始や停止付近の施術を行わず、中間部だけにアプローチすると、その筋肉が十分にゆるまず思ったような刺激を与えられないというケースが少なくありません。また、施術後すぐに筋肉の緊張が戻るようなケースでも、起始や停止部分への施術が不十分だったという可能性が考えられます。施術の効果を半減させないためにも、解剖学などの学びを通して骨格筋の成り立ちや形状を知り、オイルマッサージの密着性を利用して筋肉を正確にとらえる意識を持つことが大切です。

## Point5
## 受けての姿勢を安定させる

　オイルマッサージでメインの手技となるストローキングを効果的に実施するには、施術部位の安定が不可欠です。オイルマッサージの場合、ドライマッサージとは異なり、施術者が押圧を加えつつ重心移動を行う手技が多いため、受けての身体が安定していないと、正しい押圧が入らないなどの問題を生じます。ドライマッサージで行う横向きの施術がオイルマッサージでは難しいのも、このためです。

　第3章の実践編でも、施術部位ごとに受けての姿勢や施術者のポジションについて解説を入れていますので、ぜひ参照してください。

施術者は立ち位置や身体の支え方を工夫して、対象部位を安定させることが効果的な施術や受けての安心感につながります

# オイルマッサージと
# あん摩・マッサージ指圧との手技名対照表

手技の方法はほぼ同じでも、オイルマッサージと
あん摩・マッサージ指圧では異なる名称が用いられています。
それぞれの手技があん摩・マッサージ指圧のどれにあたるか、
確認しておきましょう。

| オイル | | ドライ |
|---|---|---|
| ストローキング（Stroking） | ⇔ | 軽擦法 |
| ニーディング（Kneading） | ⇔ | 揉捏法 |
| フリクション（Friction） | ⇔ | 強擦法 |
| スピンドル（Spindle） | ⇔ | 指髁軽擦法 |
| パーカッション（Percussion） | ⇔ | 叩打法 |
| カッピング（Cupping/Hand is cup） | ⇔ | 拍打法 |
| ハッキング（Hacking/Hand is Knife） | ⇔ | 切打法 |
| ロッキング（Rocking） | ⇔ | 振せん法 |
| シェイキング（Shaking） | ⇔ | 錐揉状揉捏法、きりもみ |

## オイルマッサージ
# Q&A Part2

## Q どの程度の圧を かければよいか分かりません

## A 受けてとのコミュニケーションと経験値で判断

一般的に、リラクゼーション目的には軽めの圧が適しており、筋緊張の解消が目的なら強めの圧になる傾向はあります。しかし、これは受けての個体特有の身体的特性、状態、目的に応じてその適切な圧は変わるもでもありますし、その導き出しには訓練だけでなく経験値が大きな判断材料になります。もっとも大切なのは、施術中に受けてとコミュニケーションを取り、圧が強すぎないか、痛みや不快感がないかを確認することです。場合によっては、筋肉の問題にアプローチするため痛みを伴うこともありますが、その際はしっかりと説明を行い、確認や同意を得ながら進めましょう。受けてからのフィードバックを得ながら経験を積み重ねることが、施術家としての成長でもっとも大切であり、遠回りでいて実は一番の近道でもあります。

## Q 施術時間の目安はどのくらい？

## A 受けての要望や症状に応じて設定します

43ページでおおよその目安を紹介していますが、施術時間は全身マッサージか局所的な施術かによって異なり、身体の大きさやその時のコンディションも時間配分に影響を与えるため、一概には言えません。ただ、オイルマッサージはドライに比べて、同じ刺激量を与える場合でも施術時間が短くなる傾向があります。特に、スポーツチームで複数の選手を施術する際には、限られた時間内で効率よく行えることがメリットです。ただし、複数の受けてに対する施術では、時間配分による不公平が生じないように、トレーナーとして中立な立場でこなしていくことが重要です。状況に応じた適切な判断とケアを提供することが施術家に与えられた責任であり、施術家としての技量を図られるポイントともなります。

## 第3章

### 実践！
# 部位別
# オイルマッサージ

前章で紹介した基本の手技を組み合わせ、
実際にオイルマッサージを行っていきましょう。
適切な立ち位置や姿勢で行うことが
高い効果を引き出します。

# 1 腰背部 ―腹臥位―

受けてを腹臥位（うつ伏せ）にした状態で行う腰背部への施術を紹介します。私たちヒトにとって姿勢の保持に欠かせない筋肉が集まる腰背部。スポーツ動作の要となる体幹と下肢をつなぐ重要な部分であり、ふだんの生活でも長時間のデスクワークや不良姿勢などで張りや痛みが生じやすい部分でもあります。

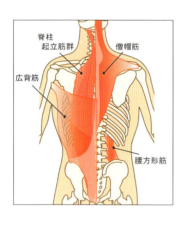

**ターゲット部位**

- 脊柱起立筋群
- 広背筋
- 多裂筋
- 腰方形筋など

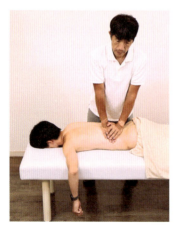

**施術者の立ち位置**

→ 受けての腰横側

背部の施術では「体重を乗せる」ことが重要です。施術者の立ち位置には受けての腰の横、または頭上（74〜79ページ）の2種類があり、前者の場合は胸椎や肩部の施術、後者の場合は腰椎まわりの筋群や仙腸関節、多裂筋の施術が行いやすいという特徴があります。

68

# 腰背部全面の手掌ストローキング

**使用する部位**　●四指 ●拇指 ●手掌の全部

受けての横に立ち、小指側から手掌全体を使い、腰から頸部に向かいストローク。小指側からストローキングすると手の接触面が広くなり、やさしい刺激になるため、施術の開始時や終了時の手技に適しています。

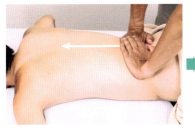

 **POINT 受けての身体から手を離さない！**

腰から頸部、頸部から腰と手技が往復する際も、手の密着を離さないことがオイルマッサージの鉄則です。

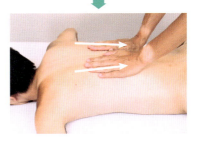

**四指スタートの場合 →**

手掌ストローキングを四指から始めることも可能です。その場合、指での押圧で強い刺激にならないように手全体の密着を保ちましょう。

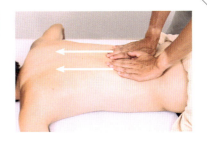

腰背部 ―腹臥位―

69

# 脊柱起立筋群の手根ストローキング

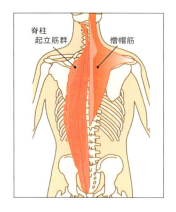

背部の深層にある脊柱起立筋群は、腰部の仙骨・腸骨から後頭部にかけて背骨に沿って走る細長い筋群です。姿勢の維持、体幹の保持はもちろん、ひねる（回旋）、曲げる（屈曲）、伸ばす（伸展）といったさまざまな運動に大きく関わっています。

**ターゲット部位** ●脊柱起立筋群

**使用する部位** ●手根部

棘突起（背骨の出っ張り）と脊柱起立筋群の間に両手の手根を合わせ、垂直圧の押圧を維持しながら、腰から頸部に向かって手根でストローキング。腕力に頼らず、体重を垂直に、しっかりかけるよう意識します。

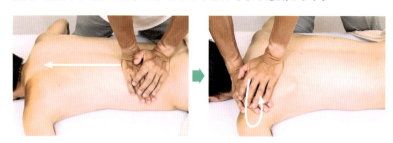

## POINT 深層部には垂直圧をしっかりかける！

深層部を狙う手技のポイントは垂直圧。施術している手と肩の位置が垂直になるよう意識します。肘が曲がっていると体重がうまく乗らず、腕力に頼った施術になりがちです。

# 脊柱起立筋群の二指ストローキング

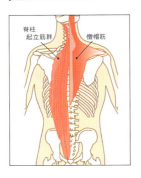

腰背部は、筋膜リリースのように浅層部を狙う手技と、深層部を狙う手技を使い分けると、より高い効果が期待できます。二指ストローキングの場合、手掌よりさらに深層部にアプローチできます。

**ターゲット部位** ●脊柱起立筋群
**使用する部位** ●示指と中指の二指

示指と中指の二指を若干鉤形にし、反対側の手を重ねて脊柱起立筋や多裂筋にしっかりと押圧を加えていきます。二指の施術でも手掌は浮かさず、受けての身体にコンタクトしておきましょう。

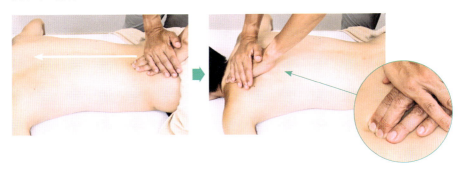

# 僧帽筋の
# 二指ニーディング

肩まわりの上背部から頭部にかけて菱形に大きく覆う僧帽筋は、腕や肩の上げ下げや投げる、引きつけるといったスポーツ動作にも関わる部位です。上部線維、中部線維、下部線維の3つに分かれていますが、特に上部線維の頻度が高く、緊張や不調が出やすい箇所でもあります。

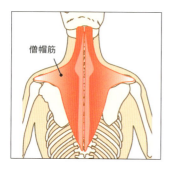

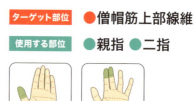

僧帽筋上部線維の位置を確認し、親指と二指でニーディング。特に緊張しやすく凝りやすい部分なので、「こねる、絞る」イメージでしっかりほぐしましょう。

# 腰方形筋の
# 四指ストローキング

腰椎の両側にある腰方形筋は、骨盤と上体をつなぐ深層筋。上体を横に曲げる動作（側屈）や背中を反らせるといった動作に関係しています。働きが弱まると腰椎のカーブ（前弯）が過剰になり、筋緊張が強まって腰痛の原因にもなります。

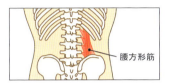
 ●腰方形筋
 ●四指

自分の立ち位置の反対側の腰方形筋に四指を当て、しっかりと押圧を加えつつ、施術者の手前に引くようにストローキング。四指の指先の関節を当て、はがすように引くと筋肉をとらえやすくなります。

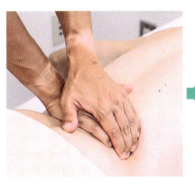

**POINT　脇腹から始めない！**

脇腹から施術を始めてしまうと腰方形筋をとらえられないのでNG。腰方形筋の位置をしっかり把握し、まずは片手でとらえてから。

| 施術者の立ち位置 | → | 受けての頭上 |

腰背部の施術において、立ち位置は腰の横と頭上部の2種類があります。頭上に立つメリットは、受けての左右の施術を立ち位置を変えずに行える点です。また、腰部や骨盤部の施術において拇指の押圧がかかりやすい、頸部の施術が可能といったメリットもあります。

## 腰背部全面の手掌ストローキング

この手掌ストローキングは施術の開始時と終了時に施術をまとめ上げるのに適した手技です。すでに横位置など別の立ち位置で腰背部に施術している場合は、省略しても構いません。

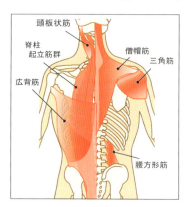

ターゲット部位
- ●脊柱起立筋
- ●僧帽筋 ●三角筋
- ●頭板状筋など

使用する部位
- ●手掌 ●指 ●拇指

脊柱起立筋群の最上部に手掌全体を置き、小指側から腰に向かって両手を同時にストローク。上後腸骨棘（骨盤後方に突き出た骨）まで手技が到達したら、手をコンタクトしたまま手根側から開始位置まで戻ります。

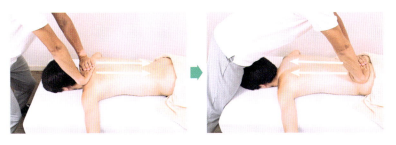

次に小指側から肩上部の肩峰に向かいストローキングし、三角筋群に到達したら、手根側から再び開始位置まで戻り、両手を180度回転させます。

## POINT 脊柱起立筋の起始から始める！

広範囲な方向性で行う手技のため、手の方向を見失いがちです。「小指側からスタートし、戻るときは手根側から」という法則を覚えておきましょう。

また、施術の開始位置が脊柱起立筋の起始部から外れ、胸椎からスタートしがちなので注意。施術する筋肉の起始停止部をしっかり把握しましょう。

腰背部 —腹臥位—

# 脊柱起立筋の拇指ストローキング

脊柱起立筋群、特に深層にある多裂筋群に、受けての頭上側からアプローチする手技です。押圧を強く入れる場合は、手技名を「拇指フリクション」としてもよいですが、ここでは拇指ストローキングとして説明します。

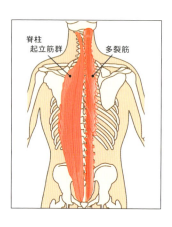

**ターゲット部位** ●脊柱起立筋群 ●多裂筋群

**使用する部位** ●両拇指

施術する側の拇指で押圧を入れ、反対側の拇指でストロークをアシストします。

**施術者の立ち位置** → 受けての頭上

受けての頭上に立ち、施術する側に片足を踏み込みます。深く踏み込むことで、腰部や骨盤部の施術でも押圧を入れることが可能です。踏み込みが浅いと施術部位との距離が広がり力が入りません。特に小柄な施術者は立ち位置に注意しましょう。

棘突起(背骨の出っ張り)と脊柱起立筋の間に拇指がちょうどはまるように施術する側の拇指をセットし、もう一方の拇指を軽く添えます。起始停止を確認したら、多裂筋上部から腰部の上後腸骨棘(PSIS)まで拇指でストローキング。到達したら回り込むようなイメージで滑らかに元の位置に戻ります。

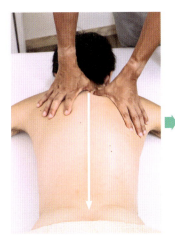
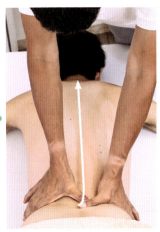

### POINT 仙腸関節を回り込むイメージで!

受けての背骨から外側に筋肉を剥がすようなイメージで施術すると、脊柱起立筋群の深層をとらえることができます。また、腰部は仙腸関節付近(写真)までしっかり到達し、そこを回り込むようなイメージで戻ります。

# 頸部から肩部へのアプローチ

僧帽筋から頭板状筋、そして肋骨を引き上げる働きのある呼吸筋の斜角筋、2つのラインにアプローチしていきます。疲れやすい部位ですが、押圧の度合いによって痛みやしびれが生じる場合もあり、施術には十分な配慮が必要です。

##  ①頭板状筋と僧帽筋のストローキング

首を反らす、曲げるといった動作に関わる頭板状筋や、上背部で大きな面積を占め、姿勢の維持や肩甲骨の動きに関わる僧帽筋は、肩周辺のスポーツ障害や日常生活での肩こり、肩の張りなどの原因にもなるだけに、施術頻度の多い部位です。

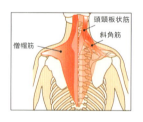

 ●頭板状筋 ●僧帽筋
 ●両拇指側外側面
●または拇指球

手の拇指側外側面（または拇指球）を使い、後頭骨の際（きわ）を開始位置としストローク。手技が頸椎から胸椎に到達したら、僧帽筋を肩上部の肩峰に向かってストロークします。手首の動きを利用すると、スムーズかつリズミカルな施術が可能になります。

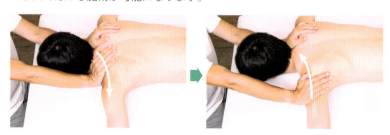

## ②斜角筋の ストローキング

首から肋骨まで付着している斜角筋は、首の動きや頸部の安定性のほか、息を吸い込む際の肋骨を引き上げる動作に関わっています。硬くなり神経が圧迫されると、腕の痛みやしびれ、筋力低下などを発症する可能性もあります。

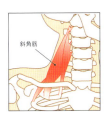

| ターゲット部位 | ●斜角筋群 |
| --- | --- |
| 使用する部位 | ●拇指球<br>●または<br>手の拇指側の外側 |

施術開始位置は首のほぼ側面です。押圧を加えるとその圧は斜角筋に到達します。その状態でゆっくり慎重に停止部に向かってストロークを行います。①とは違いゆっくり、かつ慎重な押圧とストロークが重要です。

### ✓ POINT 斜角筋の施術は慎重に！

①と②は施術部位も近いですが、押圧の入れ方は根本的に異なります。特に斜角筋は、不快なしびれが生じないよう腕神経叢への不用意な圧迫を避ける必要があります。斜角筋は臨床上でも重要な部位ですが、慣れない施術者は無理して行う必要はありません。

腰背部 — 腹臥位

# 2 上肢 —腹臥位—

上肢のうち、前腕部の前側にある前腕屈筋群は手首や指の屈曲を助け、後側にある前腕伸筋群は手首や指の伸展に関与します。また、上腕部前側の上腕二頭筋は肘の屈曲や前腕の回外、肩の屈曲や外転に、後側の上腕三頭筋は肘の伸展のほか、肩の伸展や内転にも関わります。さらに、上腕部上側には三角筋があり、肩の外転・屈曲・伸展を担います。

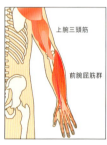
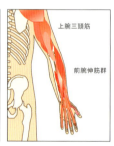

**ターゲット部位**
- 前腕屈筋群：
  円回内筋、手根屈筋、指屈筋など
- 前腕伸筋群：
  腕橈骨筋、手根伸筋、指伸筋など
- 上腕伸筋群：上腕三頭筋
- 肩筋群：三角筋、腱板

**施術者の立ち位置** → 受けてに背を向けて腰横の位置

腹臥位による上肢のマッサージでは、効率よく施術を行うために少し特殊な立ち位置を取ります。まず、受けてに背を向けて腰横の位置に立ち、上半身のみをひねるようにして、体勢を受けての頭上方向に向けます。その状態でベッド側の手を使い、肩を内旋させることで、逆手での施術が行えます。

# 上肢全体の手掌ストローキング

**使用する部位**

● 手掌

受けての肩を軽く外転させ、肘は軽く屈曲、手関節を回内させることで、上肢全体に均等の圧をかけられます。片方の手で受けての手首を軽く固定したら、手首から脇の下付近まで手掌ストローキング。局所を狙うのではなく、上肢全体に広く刺激を入れるウォームアップ的な手技なので、強すぎる圧で行う必要はありません。

上肢 — 腹臥位

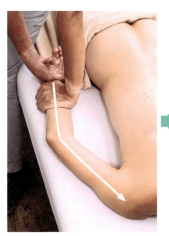

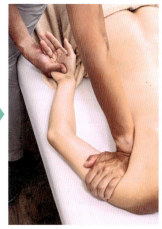

### POINT 注意！肘関節に強い圧をかけない

関節組織に強い圧力をかけないようにするため、上肢全体のストロークで関節をまたぐ際には押圧をゆるめるなど、関節に負担をかけないように注意深く圧をコントロールしながら施術を行いましょう。

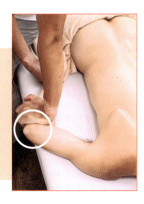

# 前腕屈筋群の手根ストローキング

前腕屈筋群は、浅層には円回内筋、橈側手根屈筋、長掌筋、尺側手根屈筋、浅指屈筋、深層には深指屈筋、長拇指屈筋など、さまざまな筋肉が集まっており、手の複雑で繊細な動きを可能にしています。ボールを握る、打つ、相手をつかむなど、手を使うあらゆるスポーツの競技者が緊張しやすい部位ですが、手首に近い腱の部分への押圧は注意が必要です。

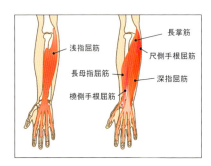

受けての肘と手関節を軽く屈曲させたら、片方の手で受けての手首を軽くホールドし、手根ストローキングを行います。手根部を使うことで体重を利用した強い押圧が可能です。また、手関節を屈曲させることで腱の緊張をゆるめ、安全に施術を行うことができます。

# 前腕屈筋群の両拇指ニーディング

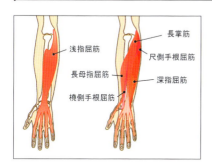

 ●前腕屈筋群

 ●両拇指

両拇指を交互に使い、リズミカルにニーディングを行います。ポイントは前腕を施術台に安定させること。両手の四指で前腕を支え、安定性をキープしながら拇指圧を加えていきます。

 **難しい場合は拇指ストローキングで！**

やや難易度の高い施術なので、押圧がうまく入らない場合はニーディングではなく、拇指ストローキングに切り替えることも可能です。拇指を使い、手首から肘にかけて滑らかにストローキングを行います。

83

# 前腕伸筋群の拇指ストローキング

前腕後側にある前腕伸筋群は、手首や指を伸ばす動作や、手のひらを上に向ける回外の動きに関与する筋肉群です。パソコン作業やタイピングが多い人、テニスなどラケットを使うスポーツ選手は伸筋群を酷使しやすく、疲労が溜まりやすい傾向にあります。疲労が蓄積すると筋緊張が強くなり、強い押圧を伴う施術が必要になることもあります。放置すると、「テニス肘」とも呼ばれる外側上顆の炎症や痛みを引き起こす場合もあります。

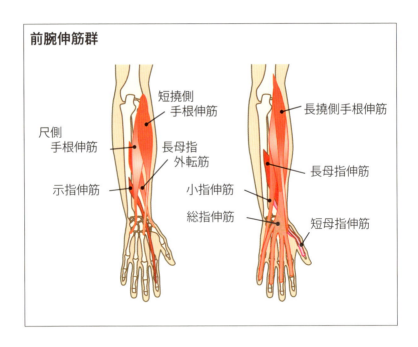

前腕伸筋群

`ターゲット部位` ●前腕伸筋群　　`使用する部位` ●拇指

前腕伸筋群の浅層には腕橈骨筋や長・短橈側手根伸筋、総指伸筋、小指伸筋、尺側手根伸筋、深層には回外筋、長・短拇指伸筋、示指伸筋などがあります。

施術者は受けての手関節から前腕伸筋群をとらえ、肘関節外側上顆までの筋肉のラインを正確にたどりながら、拇指ストローキングで追随します。

### POINT ✓ 手関節を回内・回外させる！

肘までストロークする際に手関節を軽くひねるように回内・回外させると、伸筋群の筋肉の伸縮を調整でき、筋肉をとらえやすくなります。スポーツマッサージでは、このように関節の動きを利用して、より効果的な施術を行うケースが多く見られます。

上肢 ― 腹臥位

85

# 腕橈骨筋の拇指ストローキング

腕橈骨筋は前腕の外側に位置し、おもに肘関節の屈曲に関与しますが、特に前腕が回内・回外の中間位にあるときに大きな働きをします。具体的には、ハンマーを持つ動作や腕で物を引き寄せるといった動作の際に動員されます。

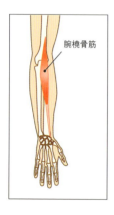

ターゲット部位　●腕橈骨筋

使用する部位　●拇指

受けての頭部横にしゃがみ、ベッドに近いほうの手で受けての前腕を保持します。次に、起始から停止を意識しながら、手首側から肘関節に向かって腕橈骨筋を剥がすようなイメージで拇指ストローキングを行います。

### POINT　手技手を変えれば2つの手技が続けてできる！

前ページの前腕伸筋群と腕橈骨筋の施術は同じ立ち位置のため、手技手と支え手を逆にすれば2つの手技を連続して行うことができます。施術の順番に決まりはないので、筋肉の状態や受けての反応を見ながら、受けにとってもっとも必要な手技を柔軟に選択して行いましょう。

# 上腕三頭筋の拇指・四指の ストローキング

上腕三頭筋は上腕の後面に位置し、おもに肘を伸ばす動作や押す動作、また肩関節の伸展にも関与しています。肩甲骨周囲や肩背部の筋肉とも密接に関連しているため、疲労すると腕を伸ばす動作が鈍くなり、肩や肘の可動域にも影響が出ます。さらに疲労が蓄積すると、肩や首周りまで緊張が広がるため、上腕三頭筋のケアは非常に重要です。

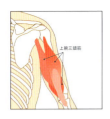

 ●上腕三頭筋
 ●拇指 ●四指

受けての頭部横にしゃがみ、ベッドに近いほうの手で受けての上腕を保持します。次に、拇指とその他の四指で上腕を挟むようにして三頭筋をとらえ、圧を維持したまま肘関節側から肩関節に向けてストローキングを行います。

### POINT ✓ 皮膚の挟み込みを防ぐ！

支え手で上腕部を軽く持ち上げると、手技手の四指の尖端が受けての皮膚をベッドに挟み込んでしまうのを防げます。皮膚の挟み込みはオイルマッサージで起こりやすく、不快感に繋がるので配慮しましょう。

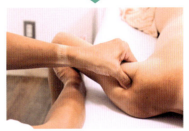

上肢 — 腹臥位

# 三角筋中部・後部線維の拇指ストローキング

三角筋は前部・中部・後部の各線維に分けられ、中部線維は腕を真横に持ち上げるなど肩関節の外転や、肩を水平に保つ役割を、後部線維は肩関節の伸展（腕を後方に引く動作）や外旋（腕を外側に回転させる動作）に関与します。姿勢保持にも関わるため、長時間の前傾姿勢やデスクワークでこの部位が疲労すると猫背などの姿勢悪化や肩こりの温床にもなります。

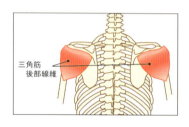

ターゲット部位　●腕三角筋中部・後部線維

使用する部位　●拇指

受けての頭部横にしゃがみ、ベッドに近いほうの手で受けての上腕を保持します。次に、上腕側から肩上部の肩峰に向かって拇指で三角筋中央の中部線維、後方の後部線維を拇指ストローキングします。

### POINT　オイルマッサージなら複数手技を連続で行える！

この手技は、前ページの上腕三頭筋の施術と連動して行うこともできます。潤滑作用を活かした複合的な施術は、オイルマッサージの大きなメリットでもあります。

# 肋間筋の手掌ストローキング

肋骨の間を走る「外肋間筋」は、肋骨を引き上げて胸郭を拡張することで息を吸う（吸気）動作を、外肋間筋の裏側にある「内肋間筋」は肋骨を引き下げて胸郭を縮小させ、息を吐く（呼気）動作を助けます。マラソンなど持久系の運動や、自転車など前傾姿勢を維持する運動で疲労しやすく、疲労がたまると呼吸が浅くなったり、胸や背中に張りや痛みが出やすくなります。

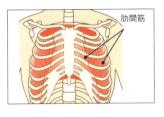

| ターゲット部位 | ●肋間筋 |
|---|---|
| 使用する部位 | ●手掌部全体 |

受けての上肢を挙上させ、肋間筋に張りついた皮膚を軽く剥がすイメージで、円を描くように肋間筋部を手掌ストローキング。深い押圧を加えないよう注意しましょう。

### POINT 浅い圧を心がける！

肋間筋は胸郭の柔軟性に関わり、浅層の組織に対する施術が中心。特に浮遊肋骨（第11・12肋骨）は胸骨に繋がっておらず、自由度が高いぶんデリケートな部分です。深く押し込むと不快感を与えることもあるため、浅い圧で慎重に施術しましょう。

## 広背筋の手掌ストローキング

広背筋は背中の下部から脇にかけて広がる大きな筋肉で、肩関節の内旋、伸展、内転に関与しています。腕を身体に引き寄せる懸垂動作や物を引っ張る動作、水泳のストロークなどでも重要な役割を果たします。広背筋が疲労や緊張を起こすとこれらの動作に支障が出るほか、肩背部や肩甲骨周囲の筋肉にも連動していることから肩こりや背中全体に張りが生じることもあります。

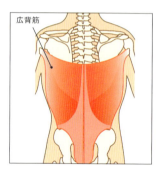

ターゲット部位 ●広背筋
使用する部位 ●手掌

受けての胸郭部に正対してしゃがみ、上肢を挙上位に固定して対象部位を伸張させます。次に肩甲骨の下角を基準に手掌を当て、広い押圧を意識しながら肩関節に向かって小指側からストロークします。

## 広背筋の拇指ストローキング

脇の下周辺にアプローチする手技です。腋窩周囲は感受性が強く出やすく、無意識に筋肉が緊張して硬くなる「筋性防御」が起きる可能性もあるので、押圧の調整は慎重に行いましょう。

| 使用する部位 | ●拇指 |
| --- | --- |
|  | ●拇指と示指の間 |

受けての胸郭部に正対してしゃがんだら、上肢を挙上位に固定します。次に拇指や、拇指と示指の間も使い、広い押圧を心がけながら広背筋をストローキングします。

上肢 —腹臥位—

## ローテーターカフ（棘下筋、小円筋）の手根ニーディング

ローテーターカフ（回旋筋腱板）のうち、小円筋と棘下筋は肩関節の外旋（腕を外側に回す動作）や肩関節の安定に欠かせない筋肉です。腕を上げる、投げる、回すといった動作を繰り返すスポーツや作業で疲労が蓄積すると、肩の安定性が低下し、骨同士のこすれや挟まりで痛みを生じるインピンジメント症候群や、肩の可動域制限が起こりやすくなります。

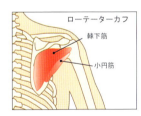

| ターゲット部位 | ●棘下筋 |
| --- | --- |
| | ●小円筋 |
| 使用する部位 | ●手根部 |

受けての胸郭部に正対してしゃがみ、上肢を挙上位に固定します。次に、受けての頭部側の手を使って、肩甲骨上にある棘下筋と小円筋に対して、こねるように手根ニーディングを行います。

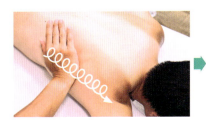 

# 肩甲骨の内側縁の拇指ストローキング

僧帽筋や、その奥にある菱形筋など肩甲骨の内側縁に関わる筋肉は、肩甲骨の安定性を保ち、肩や背中の動作に大きく影響を与えます。これらの筋肉が疲労すると肩こりや背中の張り、肩甲骨の動きの制限が生じやすくなり、日常生活やスポーツ動作に支障をきたすこともあります。

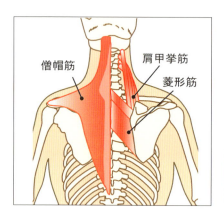

**ターゲット部位**
- 菱形筋
- 僧帽筋中部・下部線維
- 肩甲挙筋

**使用する部位**
- 拇指

## 肩甲骨内側縁の種類

肩甲骨内側縁の筋肉には以下のようなものがあります。
**菱形筋**…大菱形筋と小菱形筋に分かれ、肩甲骨を内側（脊椎側）に引き寄せる働きをします。肩甲骨を安定させる役割も担います。
**僧帽筋中部・下部線維**…中部は肩甲骨を内側に、下部は下方に引き下げる働きを持ち、肩甲骨の安定や肩・背中の動きを助けます。
**肩甲挙筋**…肩甲骨を上方に引き上げる筋肉で、首の動きにも関与しています。ここが疲労すると肩こりや首の痛みを引き起こします。

受けての胸椎部分の横に立ち、上腕を軽度の伸展、内旋、内転に保持、前腕は腰背部に軽く固定します。次に、肩甲骨の下先端部である下角付近から内側縁に沿って、上角に向かって拇指ストローキングを行います。

**POINT　筋肉ではなく骨に沿って追随する！**

この手技は筋肉に沿うのではなく、内側縁という骨に沿った追随をすることで複数の筋肉にアプローチします。スムーズな追随を狙い、左右両方の手で施術してもOKです。

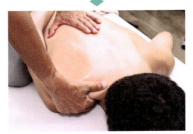

### さらに深い刺激を入れるには？

対象部位の反対側に立ち、支え手を肩関節の前面に置いて肩甲骨の内転をうながします。肋骨と肩甲骨がはがれるような「肩甲胸郭関節」の状態を保持しながら、内側縁からさらに深部に拇指ストローキングします。

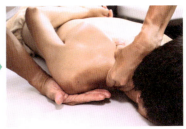

# 3 上肢 —仰臥位—

仰臥位（あお向け）で上肢の施術を行う場合、おもなターゲットは前腕部の両面（尺側と橈側）や、上腕二頭筋などの上腕屈筋群です。前腕部を回内・回外させれば尺側・橈側の両面にアプローチできるので、施術部位は腹臥位での施術（80～93ページ）と重なってきます。受けてのコンディションや施術環境によって、どちらの姿勢でも適切にアプローチできるようにしておくと、より高次の施術につながります。

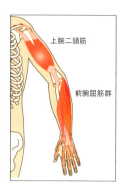

### ターゲット部位

- 前腕屈筋群：
  円回内筋、手根屈筋、指屈筋など
- 前腕伸筋群：
  腕橈骨筋、手根伸筋、指伸筋など
- 上腕屈筋群：上腕二頭筋、上腕筋

### 施術者の立ち位置 → 受けてに背を向けて腰横の位置

腹臥位と同様、仰臥位による上肢のマッサージでも効率よく施術できるように、立ち位置を少し工夫します。手掌や手根を使い体重を乗せて押圧をかける場合は、まず受けてに背を向け腰横の位置に立ち、上体だけをひねって受けての頭上方向に体を向けます。拇指ストローキングやニーディングを行う場合、体は正面に向けたままで問題ありません。

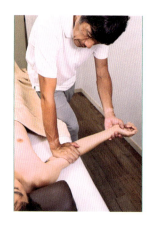

# 上肢全体の手掌ストローキング

この手技は局所を狙う施術ではなく、上肢全体に広く軽い刺激を与えることが目的ですので、強すぎる圧をかける必要はありません。この手技で受けての身体を徐々に慣らすことで、段階的により深い施術が行えるようになります。

**使用する部位** ●手掌

受けての手のひらを上に向けた状態で、前腕屈筋群から上腕二頭筋にかけて上肢全体に対して手掌ストローキングを行います。手掌を広く使うことで大きな面積に渡るストロークが可能となり、圧力も均等にかけることができます。

 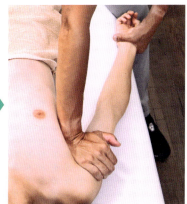

> **POINT ✓ 関節をまたぐ際は圧を弱める！**
>
> 腹臥位での上肢全体の手掌ストローキング（81ページ）と同様に、この手技も関節をまたいで行うため、関節部分への押圧には特に注意が必要です。オイルマッサージの流れるような施術のなかでも、関節をまたぐ際は圧力を弱めるなど圧の強弱をコントロールしましょう。

上肢 —仰臥位—

# 前腕屈筋群の拇指ストローキング

前腕屈筋群のうち手首の近い部分は腱の部分なので、強すぎる押圧を避け慎重に押圧を調整しながら施術をします。また、手関節を回内・回外させながら手技を進めることで、前腕屈筋群、特に肘関節付近に対してさらに深い追随が可能となります。必要に応じて、受けてにリラックスをうながしながら施術を進めましょう。

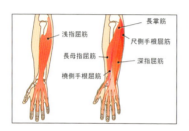

**ターゲット部位** ●前腕屈筋群

深指屈筋、浅指屈筋、長拇指屈筋、橈側手根屈筋、尺側手根屈筋、円回内筋、長掌筋

**使用する部位** ●拇指

受けての腰部の横に立ち、手関節を回外位に支え保持します。次に、手関節側から内側上顆に向かい前腕屈筋群に拇指ストローキング。左右の手でそれぞれ手技を行ってもよいでしょう。

✓ **POINT**
### 手関節のひねり動作で深層まで筋肉を追う！

手関節を回内・回外させることで、前腕屈筋群の伸張性を変化させ、深層の筋肉まで追随することができます。そして、仰臥位や腹臥位など受けての体勢に柔軟に施術できる対応力も求められます。これは前腕以外の部位にも共通する認識です。

# 前腕伸筋群の
# 拇指ストローキング

前腕伸筋群を酷使することで発症する上腕骨外側上顆炎は「テニス肘」とも呼ばれますが、発症の危険はスポーツのシーンだけではありません。長時間のスマホ操作でも発症するため「スマホ肘」とも呼ばれています。前腕伸筋群は疲労や緊張が蓄積されやすい部位ですので、日頃から予防と適切な対処を心がけましょう。

上肢　―仰臥位―

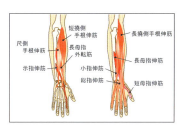

**ターゲット部位** ●前腕伸筋群

総指伸筋、長橈側手根伸筋、短橈側手根伸筋、小指伸筋、尺側手根伸筋、長拇指伸筋、短拇指伸筋、示指伸筋、腕橈骨筋、回外筋

**使用する部位** ●拇指

受けての腰部に正対して立ち、手首を回内位にセット。そのまま手関節側から外側上顆に向かって拇指ストローキングを行います。手関節を回内・回外させながら施術を行うことで、より深部を施術できます。より深いアプローチが可能となります。

### ✓POINT　左右の手で施術して効率アップを！

左右の手技手を変えることで、受けての前腕筋肉に対する接触面が異なり、同じ前腕伸筋群でも異なる角度からの施術が可能です。これにより、筋肉に対して多面的なアプローチができ、効率的な施術を行うことができます。

97

# 腕橈骨筋の拇指ストローキング

前腕の中でも、重い物を持ったり物を引き寄せたりするときに盛り上がる筋肉が腕橈骨筋です。障害が起きると肘の曲げ伸ばしなどにも支障をきたし、スポーツのパフォーマンスにも影響を及ぼします。

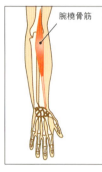

| ターゲット部位 | ●腕橈骨筋 |
| 使用する部位 | ●拇指 |

受けての腰横に正対して立ち、手関節を回外・回内の中間位に固定し、保持します。次に、腕橈骨筋の停止部である橈骨茎状突起から起始部の上腕骨に向かって拇指ストローキングを行います。

オイルマッサージで的確に筋肉をとらえるために、前腕の筋群をおさらいしておきましょう。
**1. 前腕屈筋群**…前腕の内側に位置し、手首や指を屈曲させる筋群。手を握る動作や物を持つ動作に関与する。
**2. 前腕伸筋群**…前腕の外側に位置し、手首や指を伸ばす筋群。手を広げる動作や手首を上げる動作に関与し、特に手首や肘の動作に負担がかかるスポーツや作業で緊張しやすい。
**3. 腕橈骨筋**…肘の屈曲や前腕の回内・回外の中間位での安定を担う筋肉。屈筋群・伸筋群とは異なる働きを持ち、手首の安定性や力のバランスに寄与する。

# 上腕二頭筋の手根ストローキング

上腕二頭筋は上腕の前面に位置し、おもに肘関節の屈曲（腕を曲げる動作）に関与しています。前腕の回外（手のひらを上に向ける動作）や、肩関節の屈曲（腕を前方に持ち上げる動作）にも関与するため、日常生活やスポーツで非常に重要な役割を担っています。上腕二頭筋が疲労すると、肩や肘の可動域が制限され、前腕や肩の動きにも影響が出やすくなります。

上肢 ―仰臥位―

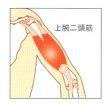

ターゲット部位　●上腕二頭筋
使用する部位　●手根部

受けての腰横に立ち、身体を上腕二頭筋に対して正面に向けたら、受けての手関節をベッド外側の支持手で保持します。次に、手根で押圧をかけながら上腕二頭筋に沿ってストローキングを行います。

## ✓ POINT　肘や肩関節の動きを活かす！

施術の際、肘の屈曲・伸展や軽度の肩関節の内旋・外旋を利用し、上腕二頭筋の伸張性に変化を持たせることで、より深い施術が可能です。ただし、この施術にはある程度の習熟が必要であり、力の加減や筋肉の反応を慎重に見極められるよう繰り返し訓練を重ねことが大切です。

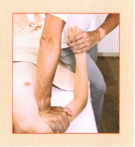

# 4 下肢 —腹臥位—

腹臥位（うつ伏せ）による下肢の施術でターゲットとなる下肢後面は、日常の動作やスポーツにおいて非常に重要な役割を果たす筋群が多く存在します。特に中心的な働きを担っているのがハムストリングと下腿三頭筋で、歩行や走行、ジャンプ、蹴る動作などのあらゆる下肢の動作と安定性に深く関与しています。

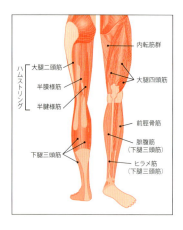

### ターゲット部位

下肢後面の主要な筋群・組織
（臀筋を除く）
● ハムストリング＝大腿二頭筋、半腱様筋、半膜様筋
● 下腿三頭筋＝腓腹筋、ヒラメ筋
● その他＝後脛骨筋、母趾屈筋群、小趾筋群、足底筋群、足底筋膜など

### 施術者の立ち位置

→ 部位に応じて変化させる

膝関節や股関節の位置を、施術する部位に応じて変化させていきます。筋肉の起始と停止、関節の関係などから、関節の位置を調整することで筋肉をよりとらえやすくなり、深層筋を施術しやすくなります。特に膝関節を屈曲させることで、下腿三頭筋やハムストリングへのアプローチがより効率的に行えます。

# 下肢全体の手掌ストローキング

| 使用する部位 | ●手掌 |

受けての足関節横に立ち、両手を同時に使用して手掌でストローキングを行います。施術は足関節から股関節に向かって行い、末端から心臓に向かうように進めます。ストローク時、手技手は小指側が進行方向に向くようにし、軽い押圧で求心性のベクトルで施術を行います。

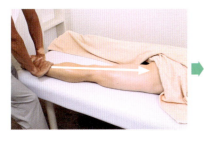

## POINT ✓ 筋肉の緊張や異常を探りながら行う！

この手技は、広い面圧で軽い押圧を行うため、局所の施術を行う前や施術の最後に取り入れますが、ドライマッサージにおける軽擦法と同様に、受けての筋肉状態を把握する触診としても機能します。施術の際は筋肉の緊張や異常を探りながら進めていきましょう。また、膝関節をまたぐ際には膝の位置に注意を払い、受けてに負担がかからないよう配慮しましょう。

下肢 ― 腹臥位

# 足底の拇指ストローキング

足底部は、体重を支え歩行や走行時のバランスを保つ機能を担っています。足底筋膜は足のアーチを支え、地面からの衝撃を吸収し、足底の筋群は足指の動きや全体のバランスを調整し、安定した足裏の接地をサポートします。足底部が疲労すると足裏やふくらはぎに痛みが生じ、足底筋膜炎やアーチの崩れを引き起こす可能性があります。特に走るスポーツにおいての疲労蓄積は、筋肉や筋膜の柔軟性を低下させ、足裏全体の機能が衰えてしまうため、足底部の疲労回復と機能維持は必須です。

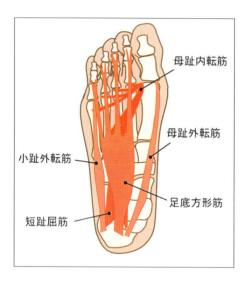

### 施術者の立ち位置
➡ **ベッドに座り施術**

施術者はベッドに座り、自身の大腿に受けての足背部を乗せて、施術部位を安定させます。

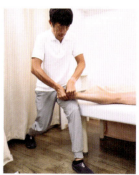

### ターゲット部位
- ●母趾屈筋群
  （短母趾屈筋、母趾外転筋、母趾内転筋）
- ●小趾筋群
  （小趾屈筋、小趾外転筋）
- ●短趾屈筋
- ●足底筋群
  （足底方形筋、虫様筋、底側骨間筋）
- ●足底筋膜

### 使用する部位
●拇指

ベッドに座った状態で受けての足背部を自身の大腿に乗せたら、足底部を外側ライン、中間ライン、内側ラインの3つのラインに分け、それぞれ拇指でゆっくりと押圧をかけながらストローキングを行います。

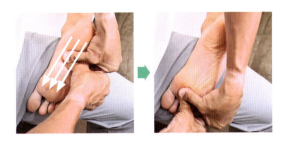

### ✓ POINT 中途半端な押圧で不快にさせない！

足底の筋群は疲労の程度によって非常に固くなることがあり、くすぐったさを防ぐためにも中途半端な押圧は避け、しっかりとした圧力を加えることが重要です。拇指での強い押圧が必要な場合は両拇指を重ねて両手で施術する方法もあります。

## 足底の四指ストローキング

ベッドに座った状態で、両手で受けての足部を保持し、四指を足底に当ててしっかりと押圧を加えます。踵骨側から足指部に向けて、足底を絞るようにストローキングを行い、押圧を加えたままゆっくりと動かします。

**使用する部位**
● 四指

### ✓ POINT 滑りに注意して受けての膝を持ち上げる！

四指で押圧を加えながら受けての足底部をしっかりとらえ、膝をベッドから持ち上げます。その際、四指がオイルで滑らないように注意して保持することで、強い圧をかけたストローキングが可能です。また、足関節を背屈位に保つことで施術のコツをつかみやすくなります。

下肢 ─腹臥位─

# 下腿三頭筋の四指ストローキング

下腿三頭筋は腓腹筋とヒラメ筋で構成され、アキレス腱を介して踵骨に付着します。おもな機能は足関節の底屈（つま先を下に向ける動作）で、歩行やランニング、ジャンプ時に地面を蹴り出す力を生み出します。腓腹筋は膝の屈曲に、ヒラメ筋は立位でのバランス維持に寄与し、日常動作やスポーツ動作で重要な役割を果たします。疲労が蓄積するとアキレス腱は特に硬くなりやすく、過度の負荷がかかると腱炎など障害を引き起こす可能性があります。

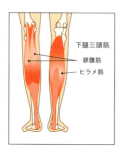

**ターゲット部位** ●腓腹筋 ●ヒラメ筋 ●後脛骨筋 ●長趾屈筋 ●長母趾屈筋
**使用する部位** ●四指 ●拇指

ベッドに座り姿勢を受けての頭上へ向けたら、足関節付近を支持手で保持し、膝関節を約90度屈曲させます。次に、足関節から膝裏までの筋肉の走行を意識して下腿三頭筋を四指ストローキング。この際、指先だけでなく四指全体を均等に当てましょう。アキレス腱自体は筋肉ではなく収縮機能がないため緩めることはできませんが、組織の滑走性を高める目的で施術を行います。

### POINT 左右の手で3つのラインをとらえる！

アキレス腱から、腓腹筋の外側、中間、内側の3ラインを狙いますが、左右の手を使い分け、手技手が自然と施術部位に当たるラインの施術をしましょう。

## 下腿三頭筋の拇指ニーディング

**使用する部位**

● 拇指

**施術者の立ち位置**

ベッドの横に立ち、自身の大腿をベッドに乗せます。受けての足関節を施術者の大腿の上に置くことで、下腿全体と施術部位を安定させます。

足関節側から開始、両手の拇指を交互に使い、下腿三頭筋にニーディングを行います。アキレス腱を含む下腿三頭筋全体に対して、外側、中間、内側の3つのラインを施術します。腓腹筋は膝裏を越えて大腿骨まで到達していますが、膝裏部分への強い押圧は違和感を残す可能性があるため慎重に行います。

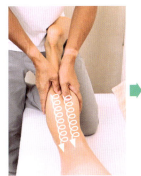 

 **膝裏の硬さは周囲からアプローチしてみる！**

膝裏の硬さを訴える受けてに対しては、直接刺激では悪化させるケースも多く避けるべきです。臨床上では、腓腹筋やハムストリングなど周囲を緩めることで膝裏の違和感の改善につながるケースが多いです。

下肢 — 腹臥位

105

# ハムストリングへのアプローチ

ハムストリングは、おもに膝関節の屈曲と股関節の伸展に関与しています。脚を後ろに引く動作や膝を曲げる動作のほか、股関節の安定性に関わり身体を支える役割も果たします。瞬発的な動作や急な方向転換を必要とするスポーツでよく使われるため、疲労や損傷が発生しやすい筋群です。過度の緊張から発症する肉離れや筋断裂、長時間の運動や過度の負荷による硬さが引き起こす姿勢の崩れや腰痛などにも注意が必要です。

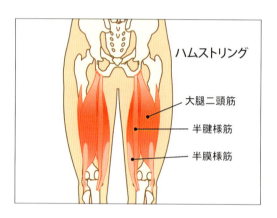

**ターゲット部位**

**ハムストリング**
- 大腿二頭筋
- 半腱様筋
- 半膜様筋

## 大腿後面は3つのラインでとらえる！

大腿後面では大腿二頭筋、半腱半膜様筋と、その筋肉間が施術のポイントとなりますが、特に重要なのは中央のラインへの施術です。人の手の構造や形に即し、左右の手技手を使い分けることで、同じ中央のラインへの施術であっても、大腿二頭筋側へのアプローチにもなれば、半腱半膜様筋側へのアプローチにもなるのです。108ページからの3つのラインへの施術では、自分が今どこの筋をとらえたいのかをしっかり把握して、手技手や立ち位置を調整しましょう。

## ハムストリング全体の手掌ストローキング

**使用する部位**

●手掌

**施術者の立ち位置**

ベッドの横に立ち、自身の大腿をベッドに乗せ、受けての足関節を施術者の大腿の上に置きます。膝関節を軽度屈曲位に保ち、ハムストリングをやや弛緩させた施術部位を取ります。

施術の第一段階として、手掌ストローキングを求心性に行います。広い面での浅いストローキングは、受けての状態確認をする触診作業の意味もあります。

## ハムストリング全体のスピンドル

**使用する部位**

●指踝

手をグーにした状態での指踝

上記の手掌ストローキングと同様のポジションから、指踝を使って施術部位にスピンドルを行います。当たる面が広く、体重を乗せることでより深く効果的な施術が可能ですが、施術の方向性を安定させるのがやや難しい場合もあります。そのときは、施術する手をもう片方でつかみ、軽く支えるようにしましょう。

下肢 ―腹臥位―

107

# ハムストリング中央ライン へのアプローチ

半腱様筋・半膜様筋と大腿二頭筋の間に位置するハムストリングの中央のラインに、特定の名称はありませんが、特にスポーツや動作の際に強い負荷がかかりやすく、張りや緊張が集中しやすい部分でもあります。半腱様筋と半膜様筋はハムストリングの内側に、大腿二頭筋は外側に位置しています。この筋肉群の間には筋膜や結合組織があり、筋肉の滑走や収縮を助ける役割を担っています。施術者はこの中央のラインをターゲットにしながら、左右の拇指ストロークを使い分けることで、半腱様筋・半膜様筋、大腿二頭筋のそれぞれにアプローチをしていきます。

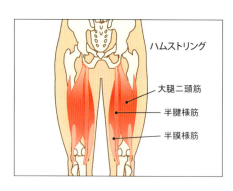

**ターゲット部位**

**ハムストリング**
- 大腿二頭筋
- 半腱様筋
- 半膜様筋

**施術者の立ち位置**

→ **受けての下腿の横**

受けての下腿の横に立ち、頭上方向に身体を向けます。そのまま自身の大腿をベッドに乗せ、足関節を大腿の上に置きます。膝関節を軽度屈曲位に保ち、ハムストリングをやや弛緩させた状態で施術姿勢をとります。

## ハムストリング中央ライン・大腿二頭筋の拇指ストローキング

**使用する部位**
●拇指

膝裏付近の大腿二頭筋の停止部から、坐骨結節の起始部に向かい、ベッドの外側（ベッドから遠いほう）の拇指でストローキングを行います。この動作を継続し、大殿筋の停止部である殿筋粗面から大転子までストローキングを延長すれば、大腿二頭筋から殿筋群にかけて、より広範囲にアプローチできます。

## ハムストリング中央ライン・半腱半膜様筋の拇指ストローキング

**使用する部位**
●拇指

施術者の内側（ベッドに近いほう）の拇指を使い、膝裏付近にある半腱半膜様筋の停止部から、坐骨結節の起始部に向かって拇指ストローキングを行います。力で押すのではなく、体重を利用して深い組織を狙っていきます。

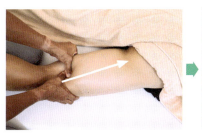

## ハムストリング内側ライン・半腱半膜様筋の拇指ストローキング

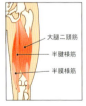

●ハムストリング内側ライン

使用する部位　●拇指

ベッドの外側の拇指を手技手とし、半腱半膜様筋の停止部である脛骨の内側面から、坐骨結節までを拇指でストローキングします。この際、拇指を広く使い、深い押圧を保ちながらゆっくりとストロークを行うことで、より深部にアプローチします。特にアスリートの場合、坐骨付近は疲労が溜まりやすいので入念な施術を行いましょう。

施術者の立ち位置

## ハムストリング内側ライン・半腱半膜様筋の手根ストローキング

使用する部位
●手根

手技手はベッド内側の手根。半腱半膜様筋の停止部位から、手根の広い面で押圧をかけ、正確に坐骨の起始部までをストローキング。ハムストリングが発達している人や緊張が強い場合、施術強度は高くなります。拇指よりも当たりはマイルドですが、坐骨付近が固い場合は手根部の豆状骨などを利用すれば、深い押圧を入れることもできます。姿勢を崩さず体重をしっかりかけて押圧を加えましょう。

## ハムストリング外側ライン・大腿二頭筋の拇指ストローキング

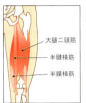

**ターゲット部位**
- ハムストリング外側ライン

**使用する部位**
- 拇指

ベッド内側の拇指を使って大腿二頭筋の停止部である腓骨頭から、停止部の坐骨結節までストローキングで追随しますが、筋肉の走行をとらえづらい手技です。ストローキングが坐骨結節まで到達すれば、正確に筋の走行を追えている証拠ですが、外側に逸れた場合は大腿二頭筋より外の組織を追っている可能性があります。

施術者の立ち位置

## 大腿の外側ライン、外側大腿筋間中隔、腸脛靭帯、外側広筋への手根ストローキング

**ターゲット部位**
- 外側大腿筋間中隔
- 腸脛靭帯
- 外側広筋

**使用する部位**
- 手根

大腿の外側にある3つの部位にアプローチする施術です。受けての股関節を少し外転位にし、ベッドの外側の手根を使って膝関節外側から臀筋粗面や大転子方面にかけてストロークします。大腿二頭筋と間違いやすいので、組織の走行が坐骨結節に到達しないことを確認しましょう。

111

# 5 下肢 —仰臥位—

下肢前面のなかでも大腿四頭筋は、歩行や走行、ジャンプ、階段の上り下りなど、日常的な動作において重要です。また、前脛骨筋は足関節の背屈（つま先を持ち上げる動作）を担い、歩行時には足を引き上げて、つまずきを防ぎます。大腿四頭筋や前脛骨筋は、特にランニングやジャンプの反復動作で疲労しやすく、疲労が蓄積すると膝の痛みや足の甲の痛みが発生しやすくなります。

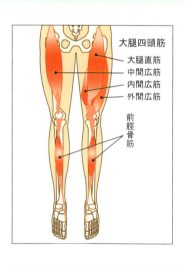

### ターゲット部位

- 大腿四頭筋
（大腿直筋、外側広筋、内側広筋、中間広筋）
- 前脛骨筋

### 大腿四頭筋の施術は3ラインで考える！

大腿四頭筋の施術ラインは内側、中間、外側の3ラインで考えます。左右それぞれの手技手に合った施術部位やラインがあるので、しっかり理解した上で正しい姿勢と手技手の選択を行いましょう。
**外側ライン**⇒中心となる外側広筋は大腿四頭筋でもっとも大きい筋。
**中間ライン**⇒中間広筋と大腿直筋があり、骨盤まで到達している。
**内側ライン**⇒内側広筋があり、起始部が大腿骨の下半分付近まで付着する。

# 下肢全体の
# 手掌ストローキング

| 使用する部位 | | 施術者の立ち位置 | → 受けての足関節の横 |

●手掌

体重を効率的に利用するため、膝を曲げて腰の重心を受けての高さに合わせて落とし、安定した姿勢を取ります。施術中は上半身を過度に屈曲させないように注意しましょう。

OK

NG

上記の立ち位置で施術姿勢を取り、足首から大腿の付け根にかけて両手の手掌を使い滑らかにストロークします。腕ではなく腰で押圧するイメージで行いましょう。この手技も、施術開始時に広く全体に刺激を入れる目的があります。押圧は広く浅くかけ、受けての筋肉が発するさまざまな身体のサインを感じ取りましょう。

 →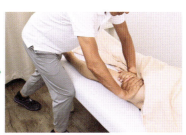

下肢 —仰臥位—

# 大腿四頭筋へのアプローチ

大腿四頭筋のストローキングとニーディングは、オイルマッサージの基本技術が集約されています。施術は、まず手掌ストローキングから始め、筋肉に全体的な刺激を入れます。次に、ニーディングと拇指ストローキングを組み合わせて深層の筋肉までアプローチします。施術の最後には、再度手掌ストローキングで全体刺激と筋の状態を確認します。施術では、大腿四頭筋の内側、中間、外側に偏りが出ないように、全体を均等にケアしましょう。また、筋肉の走行や起始・停止部を意識してアプローチすることが重要です。

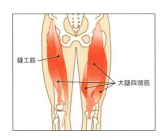

**ターゲット部位**

● 大腿四頭筋

## 大腿四頭筋の手掌ストローキング

**使用する部位**

● 手掌

重心を落とし、両手を手技手として小指側から滑らかに手掌ストローキングを行います。全体的な、軽い押圧の手技を心がけましょう。ストローキングする際は、大腿四頭筋の停止部である脛骨粗面から停止部の下前腸骨棘を意識し、手前で戻る、起始停止を超えてしまうといったことがないよう注意しましょう。

## 大腿四頭筋の
## ニーディング

**使用する部位**
- 拇指
- 四指

受けての大腿部の真横に立ち、両手を使って膝側から股関節側に向かって両手を移動させながらニーディングで進みます。指だけでなく手掌全体をしっかりと使って筋肉を把握し、揉捏を加えます。体重を利用した押圧で、筋肉の深層部や硬結部位にしっかりとアプローチしましょう。

下肢 —仰臥位—

### ✓POINT ニーディングは包み込むように！

ニーディングでは筋肉をしっかりとらえることが重要です。手掌で筋肉を包み込み、広い面積で圧をかけることで、深層の筋肉に効果的にアプローチできます。手首を柔軟に使うことで動作はスムーズになります。

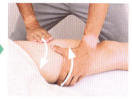

## 大腿四頭筋の
## 拇指ストローキング

**使用する部位**
- 拇指

ニーディングと同様、筋緊張や硬結など深層部に直接アプローチする手技です。拇指を使い、内側広筋から外側に流すようなイメージでストローキングを行います。

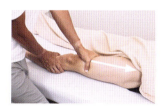

115

## 外側ラインの拇指ストローキング

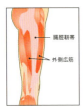

**ターゲット部位** ●外側広筋など大腿四頭筋の外側ライン

受けての膝の横に立ち、身体を受けての頭上のほうへ向けます。ベッドの内側の手を使い、膝から股関節に向かって大腿外側ラインに拇指ニーディングを行います。この際、拇指のIP関節（中間関節）を大きく使い、膝から股関節に向かって圧を加えていきます。

**使用する部位**
● 拇指

 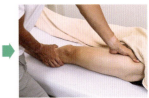

**✓POINT　外側広筋のラインを正確にとらえる！**

外側広筋のラインは、大腿外側真横の腸脛靭帯のラインと混同しやすいので注意しましょう。イメージとしては大腿部の約45度の角度のラインを追うようにします。

## 中間ラインの拇指ストローキング

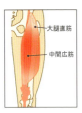

**ターゲット部位** ●中間広筋と大腿直筋など大腿四頭筋の中間ライン

受けての膝の横に立ち、身体を受けての頭上のほうへ向けます。ベッドの外側にある手を使い、膝側から股関節に向かって中間ラインをストロークします。この手技で、大腿直筋と中間広筋へのアプローチが可能です。

**使用する部位**
● 拇指

## 内側ラインの拇指ストローキング

**ターゲット部位** ●内側広筋など大腿四頭筋の内側ライン

受けての膝横に立ち、身体を受けての頭上のほうへ向けます。ベッドの外側にある手を使い、大腿四頭筋の内側ラインに対して膝側から拇指ストローキングを行います。

**使用する部位**
●拇指

**✓ POINT　縫工筋へもアプローチできる！**

この手技では縫工筋へのアプローチも可能です。内側広筋は脛骨の半分あたりで終わりますが、縫工筋は骨盤まで走行しているので、把握しておけばしっかりとそのラインをとらえ、たどることができます。ただし、施術が内側の内転筋や薄筋に及ぶと不快に感じる受けてもいるので、注意を払いながら行いましょう。

## 両手を使う拇指ストローキング

内側、中間、外側の手技は、左右の手で交互に追随できるので、施術に慣れてくれば複数の部位に対して複合的にアプローチできます。施術中に混乱しないよう、内側と中間ラインはベッドに対して外側の手、外側ラインは内側の手を使うと覚えておきましょう

**大腿四頭筋の３つのラインの手技手は？**

- 内側ライン＝ベッドに対して外側の手で施術する
- 中間ライン＝ベッドに対して外側の手で施術する
- 外側ライン＝ベッドに対して内側の手で施術する

下肢 — 仰臥位

# 腸脛靭帯の手根ニーディング

腸脛靭帯は「ITバンド」ともいわれ、骨盤から膝の外側にある脛骨まで走る結合組織です。筋肉ではないため収縮機能はないものの、特にスポーツマッサージにおいては重要な施術ポイントとなります。大殿筋や大腿筋膜張筋と連携し、膝と股関節の外側をサポートしている腸脛靭帯は、特に長距離のランニングやサイクリングなどの反復的な動作で負荷がかかりやすい部位です。過度の疲労蓄積により大腿骨の外側にある外側上顆と摩擦を起こすと、腸脛靭帯炎、いわゆる「ランナー膝」と呼ばれる症状を引き起こすこともあります。

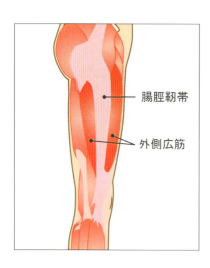

**ターゲット部位**
- 腸脛靭帯
- 外側広筋

**使用する部位**
- 手根

**施術者の立ち位置**

→ **大腿横に正対してしゃがむ**

大腿の外側に押圧をかけるため、受けての大腿横に正対してしゃがみ、施術部位に手根で垂直圧をかけられるようにしゃがむ高さを調整します。

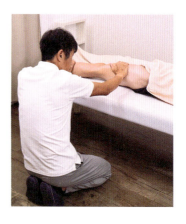

受けての大腿横に正対してしゃがみ、腸脛靭帯に沿って膝から股関節に向かい求心性で手根によるニーディングを行います。

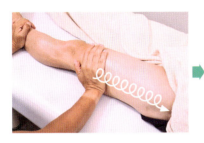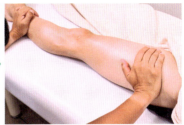

**✓ POINT　リズムを大事に！**

施術では滑剤の滑りも利用しながらリズミカルに手技を行うことがポイントですが、組織を正確にとらえることができるまでは、ゆっくりとした手技で行い、慣れてきたら徐々にテンポを上げていきましょう。

## 腸脛靭帯に さらに刺激を入れたいとき

腸脛靭帯にさらに押圧を入れたいときや、ニーディングの手技が難しく感じるときは手根ストローキングで対応します。施術者は受けての膝の横に立ち、身体を受けての頭上へ向けます。支持手はベッド内側の手を使い、大腿の内側に置いて安定させます。そして、腸脛靭帯に対して真横から押圧を加え、膝関節付近から求心性にストローキングを行います。

施術者の立ち位置

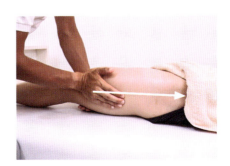

119

# 内転筋群の手根ストローキング

内転筋群は、股関節の内転をおもな機能としています。サッカーやテニスのように脚を横に動かす競技や、乗馬で脚を鞍に締めつける動作、急な方向転換を必要とする場面などで力を発揮します。また、歩行やランニング時は股関節を安定させ、正しい姿勢を保つために無意識下で常に働いています。疲労しやすい筋群であり、疲労が蓄積すると股関節の柔軟性が低下し、動きに制限が生じたり股関節付近に違和感が出たりします。さらに硬くなると、内転筋の肉離れや付着部炎にも繋がります。

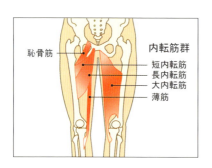

### ターゲット部位

●内転筋群＝長内転筋、短内転筋、大内転筋、恥骨筋、薄筋など

### 注意！ 内転筋の施術について

スポーツ選手にとって内転筋は特に疲労が蓄積しやすく、コンディショニングに施術を取り入れる人はたくさんいます。しかし、一般の人の施術については慎重であるべきです。股関節を外転位にする体勢や、恥骨を起始とする筋肉への施術は受けてのプライバシーを侵害する可能性があります。施術者はインフォームドコンセントを徹底し、受けての同意や理解を得ること、また受けてとの信頼関係や状況を見極めた上で慎重に判断すべきです。初対面の相手、異性、スポーツをしていない人、あるいは主訴と関係のない施術においては、少しでも難しいと判断した場合、あえて施術を行わないという選択をするなど、つねに受けての安全とプライバシー最優先で判断しましょう。

| 使用する部位 | 施術者の立ち位置 |
|---|---|
| ●手根  | 内転筋群へのアプローチを狙い、受けての股関節を外転位に、膝関節を屈曲位に保持します。そのため、まずはベッドに座り、自身の大腿で受けての下腿を安定させます。 |

施術者はベッドに座り、自身の大腿で受けての下腿を固定したら、ベッド外側の手を受けての膝に当て、内転位を保持しながら安定させます。手技手は小指側を進行方向とし、膝関節側から求心性に向かって手根を使いストローキングを行います。この際、押圧を慎重に加えながら内転筋を追随し、起始部の恥骨結合までアプローチします。

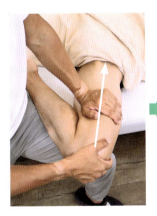 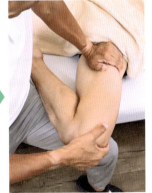

### ✓ POINT 小指側からストロークする！

内転筋施術はプライバシーに関わるデリケートな要素があるため、十分な注意と配慮が必要です。手技では手根を小指側から進行させることで、四指や拇指側からの施術に比べて受けてに安心感を与えることができます。

下肢 ―仰臥位―

121

# 下腿三頭筋の四指ストローキング

腓腹筋とヒラメ筋で構成され、つま先を下に向ける動作（足関節底屈）や歩く、走る、跳ぶなどの動作にも大きく関わる下腿三頭筋は、腹臥位（104ページ）だけでなく仰臥位でも施術できます。受けての姿勢に応じて複数のポジションで施術を行えることは、施術の戦略を構築する上でも大きな武器になります。

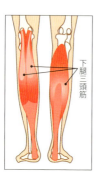

**ターゲット部位**
- 下腿三頭筋＝腓腹筋、ヒラメ筋

**使用する部位**
- 四指
- 拇指

**施術者の立ち位置**
受けての下腿の横に立ち、膝蓋骨を屈曲位にしてベッドに座ったら、足趾を自身の大腿で軽く挟み込むように固定します。

受けての股関節が脱力できるよう、支持手で受けての膝を支え、左右交互の四指でストローキングを行います。二頭に分かれた筋肉の割れ目付近に指をかけると筋肉をとらえやすいほか、円を描くように下腿三頭筋全体をマッサージすると、オイルマッサージならではのリラックス効果を提供できます。

# 前脛骨筋へのアプローチ

前脛骨筋は足の背屈（足首を上に引き上げる動作）に大きく関与しており、歩行やランニングで足を持ち上げる際に重要です。足の内反（足首を内側に曲げる動作）にも関与し、バランスを取る動作においても重要な役割を果たします。前脛骨筋は、特に長時間の走動作で疲労すると、足首から脛の前面にかけて筋緊張が増加します。慢性的な負荷が継続して蓄積すると、シンスプリント（脛骨過労性骨膜炎）の原因になることもあります。

下肢 ― 仰臥位

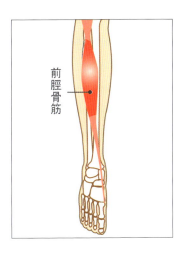

前脛骨筋

**ターゲット部位**

●前脛骨筋
（腓骨側と、脛骨側両方からストローキングが可能）

**施術者の立ち位置**

→ 受けての足部の後方

受けての足部の後方に立つのが基本の姿勢です。ケースバイケースですが、人によっては前脛骨筋が非常に固い場合もあります。その場合はポジションを工夫して、体重をしっかりかけられる姿勢で施術しましょう。

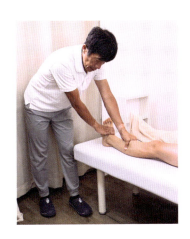

## 前脛骨筋の拇指ストローキング 腓骨側から

**使用する部位**

●拇指

受けての足元に立ち、ベッド側の手の拇指で前脛骨筋の腓骨側の側面を、筋肉を剥がす意識でストローク。前脛骨筋の停止部は内側楔状骨（足の内側にある骨）と第1中足骨（親指の付け根にある骨）の底面ですが、押圧は筋肉を捉えやすい足関節周囲から始めます。筋緊張が強い場合、フリクションに分類できる程度の押圧で施術することも。

## 前脛骨筋の拇指ストローキング 脛骨側から

**使用する部位**

●拇指

腓骨側の手技と同じく受けての足元に立ち、脛骨側から前脛骨筋に対してストローク。脛骨と前脛骨筋の狭い部位に対しての施術となるため、押圧は慎重かつ正確に加えます。特に、筋ではなく脛骨に押圧がかからないよう、十分注意が必要です。この手技も筋緊張が高い場合は、フリクションとして分類できる押圧で行うことが可能です。

# 前脛骨筋の
# 拇指ニーディング

**使用する部位**

● 拇指

立ち位置はストローキングと同様です。受けての足関節を固定して施術部位を安定させたら、ベッドに対して内側の手で前脛骨筋に対してニーディングを行います。

## POINT ✓ 遠心性の施術でもOK！

オイルマッサージの基本原則では求心性（末端から心臓部へ）で施術を行いますが、ニーディングは押圧が断続的に加わることや、ストローキングと組み合わせることで、全体として求心性の施術効果を得ることができるため、遠心性での施術でも問題ありません。

## 前脛骨筋の硬さが取れない！ 対処法は？

前脛骨筋の硬さが施術でも緩まないケースは、スポーツ臨床の現場で頻繁に見られます。この場合、腓骨側・脛骨側の両側からアプローチするほか、足底の筋肉や下腿三頭筋といった協同筋や拮抗筋の状態を考慮することも必要です。足底筋は前脛骨筋とともに足の動作を補助するため、過度に緊張していると前脛骨筋にも影響を及ぼし、緩みにくい原因の一つとなります。下腿三頭筋の硬さも足首の可動域を制限し、前脛骨筋に過剰な負担をかけることが考えられます。特にランナーなどでは、前脛骨筋の硬さが骨膜炎（シンスプリント）に発展するリスクも高いため、症状が軽減しない場合にはケアだけでなく、練習量や内容の見直しが根本的な解決に繋がるケースもあります。

下肢 ―仰臥位―

## 足底部のスピンドル

ターゲット部位
● 足底部

使用する部位
● PIP関節（近位指節間関節）
● MP関節（中手指節関節）

受けての足背部を支持手でしっかりと固定し、安定させます。施術するほうの拳のPIP関節を使い、足底筋群の足趾側から踵骨方向へストロークを行います。その際、力が逃げないように深く、ゆっくりと押圧を加えていきましょう。

## 足底部の拇指フリクション

使用する部位
● 拇指

受けての足背部を支持手でしっかりと固定し、安定させます。施術する手技手の拇指で深く押圧を加えながら、ゆっくりとした動作で足底筋群の足趾側からフリクションを行います。足底の3つのライン（内側、中間、外側）を意識し、1本ずつたどりながら施術を行います。

## 足底部の四指フリクション

施術者の立ち位置

使用する部位
● 四指

両手の四指を足底に当てたら、踵骨側から足趾部に向かって足底を絞るように四指で押しながら、ゆっくりとストロークします。押圧を加えた四指で足底全体を絞り込むようなイメージで行いましょう。この施術は遠心性（心臓部から末端へ）ですが、他の手技と組み合わせることで、全体として求心性の施術効果が得られます。

# 足背部の拇指ニーディング

足の甲に位置する足背部には、足根骨や中足骨、趾骨が配置されています。皮膚が薄く、筋肉や腱、神経、血管が密集しており、人体の中でも非常に繊細な構造からなる場所です。長趾伸筋や前脛骨筋、長母趾伸筋などもここを走行しています。骨間部にある小さな筋肉群は、足趾の動きやバランス調整に関与し、特にランナーにおいては疲労が蓄積しやすい代表的な部位です。

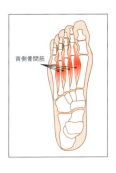

**ターゲット部位**
- 足背部の長趾伸筋
- 長母趾伸筋
- 短趾伸筋

**使用する部位**
- 拇指

### ターゲット部位それぞれの特徴

| | |
|---|---|
| 長趾伸筋 | 足の第2～第5趾を伸展させる筋肉。足背部を通り、足の指を上に引き上げる役割を持つ。 |
| 長母趾伸筋 | 親指（第1趾）を伸展させる筋肉。足背部から足の親指にかけて伸びている。 |
| 短趾伸筋 | 足の第2～第4趾を伸展させる筋肉。足背部の浅層にあり、長趾伸筋の補助的な役割を持つ。 |

受けての下腿部分のベッドに座り、受けての足関節を自身の大腿に乗せ、足のほうを向いて座ります。この状態で受けての足部を保持し、施術を行うほうの拇指を用いて、足背にある各足趾の伸筋群の間を拇指ニーディング。足背部は皮膚が薄く敏感な部分であり、強い刺激は不快感を与える可能性があるため、慎重に施術を行いましょう。

施術者の立ち位置

下肢―仰臥位―

127

# マッサージにおける "戦略" の重要性

## ● オイルマッサージは「求心性」だが例外もある

オイルマッサージにおける施術の基礎概念は「求心性」です。求心性とは、心臓に向かって施術を行うことで、血液やリンパ液の流れを促進し、身体の循環器系に積極的に働きかけます。この過程は、心臓が単体で担っている循環作業をサポートし、身体の回復を早め、心臓の負担を軽減する効果が期待できるという考えに基づいており、オイルマッサージ施術の戦略を立てるうえでのベースとなります。

施術の方向は「末端から中心へ」を原則とし、足先や手の指先といった身体の末端から心臓に向けて行います。この方法で血液やリンパ液の流れが促進され、循環が改善されます。施術の順番も同様に重要であり、たとえば足の施術であれば、足から下腿、大腿、体幹へと順次施術を進めます。手の場合も、手から前腕、上腕、そして体幹へと進みます。この順番を守ることで、末端から中心へ向かう血流やリンパの流れを整え、老廃物の排出や疲労物質の除去を促します。

ただし戦略に基づき、ときには例外として「遠心性」の施術を行うこともあります。「中心から末端へ」を原則とする遠心性の施術は、末端への血液循環を促進し、身体のエネルギーを末端まで行き渡らせるという考えに基づいていますが、状況によっては遠心性の施術を組み合わせることで、求心性の施術効果を高めることができるケースも存在します。

## ● 原則にとらわれず柔軟に戦略を練る

さらに重要なのが「滞りやすいポイント」の概念です。身体の中で特に血液やリンパ液の流れが滞りやすい場所を指し、その代表例が鼠径部です。鼠径部が硬くなっている場合、末端から施術を行っても、その部分で流れが滞り、全体的な循環を妨げることがあります。しかし、最初に鼠径部に施術を行い緩めておけば、末端から流れてくる血液やリンパ液がそのままスムーズに流れ、施術の効果を高めることが可能です。

ドライ、オイルの別なく、マッサージの施術は
基本原則に即して行うのが効率・効果アップの近道。
ただ、戦略的発想に基づけば、
それが100点満点の答えとは限らないのです。

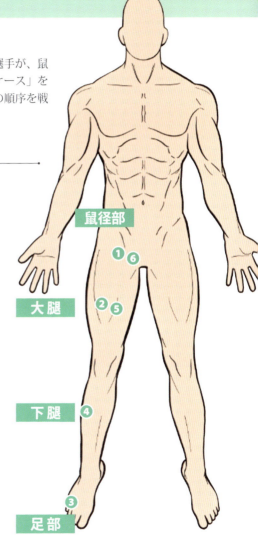

ここで、「前傾姿勢が深い自転車競技選手が、鼠径部周囲の硬さを伴う疲労を感じているケース」を例にあげてみましょう。この場合、施術の順序を戦略的に考えると以下のようになります。

### マッサージ施術の順序

この戦略では、最初に滞りやすい鼠径部を施術し（❶）、大腿部も施術することで、さらに鼠径部への滞りを解消します（❷）。その後、改めて末端から鼠径部にかけて施術を行います（❸→❹→❺→❻）。

中央部位から施術を始めているため、一見すると原則を破って見えるかもしれません。しかし、求心性の考え方は全体的な流れを改善し、「最終的に求心性の効率を高める」という戦略に基づいています。たとえるなら、鼠径部の硬い扉を開いた状態で施術を行い、疲労物質を時間内に効率よく心臓に届けるという戦略を立てたわけです。

このように、マッサージ施術においては必ずしも原則に固執する必要はなく、知識、経験、そして触診から感じる受けての状態などあらゆる観点から現状把握や分析を行い、戦略を立てることが大切なのです。

# オイルマッサージ+α
# マットでの施術もOK

ベッドでの施術が基本のオイルマッサージですが、試合会場や遠征先などで設備が整わない場合もあります。そのときはマットやタオルを敷き、ベッドの代用としましょう。本書で紹介したすべての手技は、マットでも同様に行えます。ここでは、マットで代用する際に少しだけ工夫が必要な手技をピックアップして、手順をご紹介します。

## 腰背部　横位置の場合

受けてが腹臥位の体勢で腰背部全面にアプローチする手技（69ページ参照）では、受けてにしっかり体重を乗せること、そして腰から首元までの長いストロークであっても手が離れないような立ち位置をキープすることが大切です。マットでもこのセオリーを守り、施術者は受けての外側の脚で片膝をつくなど、しっかり体重を乗せて圧をかけられるような姿勢の工夫をしましょう。

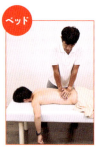 

## 腰背部　頭上位置の場合

受けての頭上に立って施術を行う場合、施術者は立ち位置を変えずに左側、右側の施術ができます（74ページ参照）。また、腰部や骨盤部を施術する際に押圧がかかりやすいなどのメリットもあります。この体勢での施術をマットで行う場合、施術者は受けての頭上で両膝立ちとなります。この姿勢で施術を行うと、自分からもっとも離れた腰部にも、体重を乗せた施術が可能です。

## 前腕　横位置の場合

腹臥位で上肢の施術を行う場合、施術者はまず受けてに背を向け、上半身をひねるような姿勢で受けての上肢にアプローチするという少し特殊な立ち位置が基本姿勢です（80ページ参照）。マットで行う場合も、まずは受けてに背を向けるように横位置でしゃがみ、受けてに近い側の膝をついて施術を行います。膝をついたほうの大腿に、自分の支持側の腕を乗せて安定を図るなど、工夫次第でベッドと同様の安定性の高い施術が可能です。

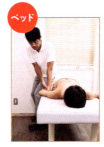

## 下肢　仰臥位の場合　その1

仰臥位での下肢の中で、特に大腿外側の真横にある腸脛靭帯などは、マットでアプローチしづらいイメージがあります。ベッドでの施術でも、施術をしないほうの手で大腿を支えて強い圧にも動かないよう配慮していますが、その点はマットも同じです。受けての下肢の横にしゃがみ施術を行いますが、その際に支持手では大腿をささえ、不用意に動いて圧が逃げるのを防ぎます。

## 下肢　仰臥位の場合　その2

仰臥位で内転筋群にアプローチする場合、ベッドでの施術ではまずベッドに座り、自分の大腿に受けての下腿を乗せるようにして安定させます。そして、股関節を外転位に、膝関節を屈曲位に保持します。マットで行う場合、まずは横座りなど施術がしやすいポジションを取り、あとはベッドでの施術と同様に、自分の大腿で受けての下腿を留めるように安定させて、股関節を外転、膝関節を屈曲させて内転筋をたどりやすくします。

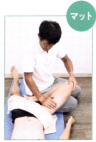

Colmun

# 世界で求められる「触診技術」とは？

　「触診」とは、施術者が手を通じて受けての身体の状態を感じ取り、必要な情報をフィードバックとして受け取る技術です。触診を通じて得た情報をもとに施術の内容を調整することが、受けてにとってもっとも効果的なケアに直結します。施術そのものを「アウトプット」とすると、触診で受け取る体の反応は「インプット」と言えます。マッサージにおいては、このアウトプットとインプット両方のスキルが必須であり、両方が機能することで、初めて受けての主訴や問題を改善に導けます。

　これを語学に置き換えると「スピーキング（話す）」と「ヒアリング（聞く）」の関係に似ています。話す能力が高くても、聞き取る力がなければコミュニケーションが成立しないのと同様に、施術だけがうまくても、触診技術が伴わなければ受けての状態に応じた適切な手技の選択や、負荷の調整は難しいでしょう。ただ、手法や技術の情報があふれている反面、触診技術についての情報はごく限られているという現状もあります。

　その点で、触診技術の向上を志す方にお勧めしたいのがオイルマッサージです。オイルによる密着性が高いため、ドライマッサージの軽擦法と比べても、施術者は受けての筋肉や組織の状態をより詳細に把握できます。触診技術で得たフィードバックは、受けてにより高い効果実感を提供するのはもちろん、戦略的なマッサージも可能となることから、世界中のスポーツの現場で貴重な戦力としてアスリートの記録や成績の向上、競技そのものの進化にも貢献できます。ドライマッサージのみを行なってきた施術家の方もオイルマッサージを取り入れることで、ぜひ「インプット力」を上げていただきたいと思います。

# 第4章

# 簡単セルフマッサージ

ストレッチなど組み合わせて行うことにより、
より良い効果が期待できます。

# セルフマッサージをしよう！

心身の疲労回復には、入浴やストレッチ、快眠などが勧められています。それに併せ、セルフマッサージを行うことにより、リフレッシュや疲労回復に役立ちます。ここでは、自分で簡単に行えるセルフマッサージやストレッチ法などを紹介します。

\こんなにある！/
## セルフケアの種類

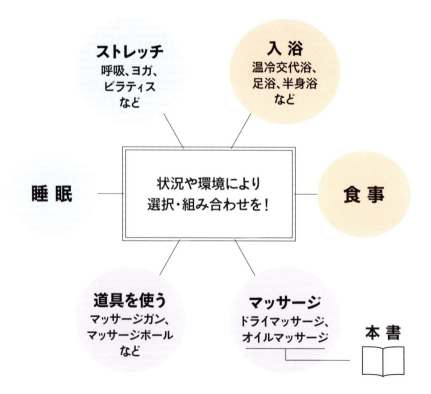

# セルフケアの
## 特徴・メリットとは？

セルフマッサージをしよう！

セルフケアの利点は、他人に頼らず自分自身でケアができることです。家にいるときでも外出先でも、場所や時間を選ばず好きなタイミングで行うことができます。特に、遠征の多いアスリートや、さまざまな理由からトレーナーが常に帯同できないアスリートが、単身で国内外でのトレーニングや試合を行う場合、アスリート自身にセルフケアのスキルがあれば、状況や環境に左右されず自分自身でコンディションを整えることができます。

ひと口にセルフケアといっても、左ページのようにその方法はさまざまです。ストレッチや温冷交代浴なども有効なコンディショニングの手段として多くのアスリートが取り入れていますし、最近ではセルフケア用の道具も盛んに活用されています。ストレッチポールや専用のマッサージボール、電動マッサージガンなどは、近年ではより安価で高性能な製品が出ています。

これらはどの手法も有用で、ある手法が他の手法より優れているということではありません。重要なのは、その時々の状況に応じた適切なセルフケアの手段を選択、実践するスキルを身につけることです。本書では「スポーツマッサージ」に焦点を当て、セルフマッサージを紹介しています。日常生活に取り入れることで、コンディションづくりのほか、自身の体の状態把握にも活かすことができます。

135

**セルフマッサージ**

オイル、ドライの別なく、いつでもどこでも気軽に行え、
短時間で1日に何度も行えるのが
大きな魅力のセルフマッサージですが、
以下のようにいくつかの注意点もあります。

---

**注意❶**

## 長時間・強刺激のマッサージは避ける！

　セルフマッサージは短時間にとどめることが原則です。効果を高めたいからと、長時間や強刺激で行うと、かえって痛みやだるさ（もみ返し）を引き起こすことがあります。マッサージ時間は各部位3〜5分程度で行うと良いでしょう。

---

**注意❷**

## 無理な姿勢を取り続けない！

　セルフマッサージは、上肢や下肢、頭部、大胸筋など自分の手が届きやすい部位は問題ありませんが、腰背部など手が届きづらい部位の場合は無理な姿勢を取らなければならないことがあり、身体に負担がかかることがありますので、注意が必要です。せっかくの施術でターゲットとは別の部位に新たな痛みが生じてしまったり、ターゲット部位についても筋肉の緊張をむしろ悪化させる可能性もあるので、硬さや凝りの解消に集中しすぎて無意識に長時間、無理な姿勢を取り続けることがないよう注意しましょう。

## 注意 ❸

### 筋肉の起始停止、関連筋肉を均等にケアする！

通常のオイルマッサージに関する注意事項でも触れていますが（64ペー
ジ参照）、セルフマッサージでも筋肉の起始・中間・停止をしっかり確認し、
各部分で均等に施術を行いましょう。また、セルフマッサージでは手が届
く範囲が限られているため、関連筋肉を均質にケアすることが難しいとい
うデメリットもあります。そのまま長時間、入念にセルフマッサージを行
うと、施術をした部位としていない部位で筋肉のバランス状態に問題が生
じることも考えられるので、同じ部位を必要以上に施術しないように心が
けましょう。

## 注意 ❹

### ドーピング対策をクリアした滑剤を使う！

ドーピングチェック対象となるアスリートに関しては、ドーピング対策
が確実にクリアされている滑剤を選ぶ必要があります。不安な場合はレー
ナーや専門家の意見を聞き、その指示に従うのが確実な対処法です。

## 注意 ❺

### 第三者の判断やアドバイスを仰ぐ！

自己流を避け、プロの施術家から自身の身体的特徴とケアポイントのア
ドバイスや指示をもらったうえで行うことが最大の効果を引き出します。
同じ「マッサージ」の名称がついていても、セルフマッサージと施術家に
よるマッサージは全く別ジャンルであり、その目的と効果をよく理解した
うえで実践しましょう。

# 1 頸・肩のセルフマッサージ

**施術の概要・コツ**

オイルなどの滑剤を指先につけ、頸から肩にかけゆっくりとなでたり、四指を肩に当てたまま肩をゆっくり回したりといったマッサージを行うほか、頸を傾けてストレッチを行うことで、肩の張りなどいわゆる肩こりの状態に対処します。特に、デスクワークやスマホの使い過ぎで頸・肩周辺部に凝りや緊張を感ずる際などに有効です。痛みで腕が上がらない場合や肩の張りや痛みが強い場合は、肩の障害の可能性もあるので、マッサージによる刺激は避け、整形外科など専門医の診察を受けてください。

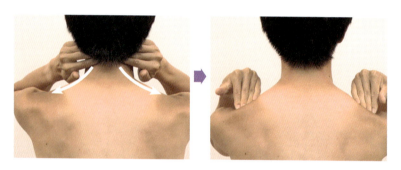

1 適量のオイルを手に取り、両手で頸部・肩上部の四指ストローキング。

セルフマッサージをしよう！

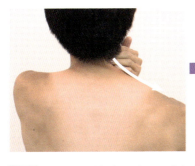 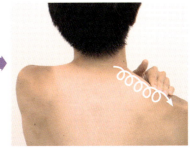

| 2 | 片手で反対側の頸部・肩上部を同様に四指ストローキング。 |

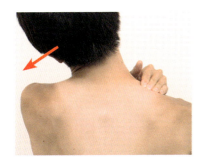

| 3 | 肩上部の中央あたりを押さえ、頸を軽く傾け気持ちよくストレッチ。 |

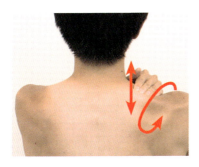 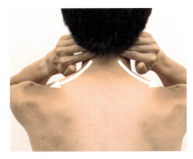

| 4 | そのまま肩を上げ下げし、小さく肩を回す。 |
| 5 | 反対側も同様に行い、再び両手で頸部・肩上部を四指ストローキング。 |

# 2 上肢のセルフマッサージ

**施術の概要・コツ**

拳を握り、手のひらや手の甲にスピンドルを行ったら、手首から肘にかけ手掌（手のひら）で内側、外則をなでるように前腕をストローキング。その後、前腕部を手掌全体で把握しながら前腕をゆっくり回内、回外（手のひらを返しながら）させます。特に上肢を酷使するスポーツにおいて不調を発症しやすく、肘や手関節のスポーツ障害を引き起こすことがあるので注意が必要です。セルフを含めて日頃から丁寧にケアしましょう。

1 適量のオイルを手に取り、手のひら、手の甲をスピンドル。

2 拇指と示指を開き、その間を軽く押す。

140

セルフマッサージをしよう！

3 前腕部を手掌でストローキング。

4 前腕部を拇指でストローキング。その後、前腕部を軽く握り圧をかけながら、把握したまま前腕をひねる。

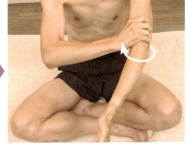

5 上腕部を手掌でストローキング後、上腕部を把握したまま上腕をひねる。

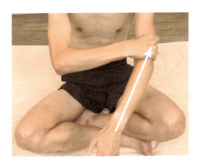

6 最後に前腕・上腕部を手掌でストローキング。

# 3 大胸筋のセルフマッサージ

### 施術の概要・コツ

大胸筋部を胸骨付近から肩に向かい、なで上げるようにストローキングを行ったあと、四指で軽く押しながら丸く動かしたり、圧をかけながら肩を回したりします。テニスやバドミントン、卓球など肩周辺部を激しく使うスポーツでも、腕や肩だけでなく胸に張りや凝りを訴える選手は少なくありません。大胸筋にアプローチすることでよりダイナミックでシャープな腕の振りが可能となり、競技力向上に寄与します。

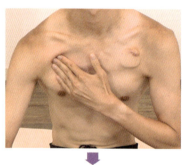

**1** 適量のオイルを手に取り、大胸筋を肩部に向かいストローキング。その後、四指で軽く押しながら丸く動かす。

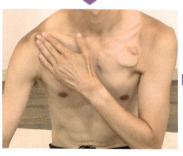
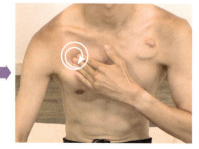

セルフマッサージをしよう！

〉〉〉

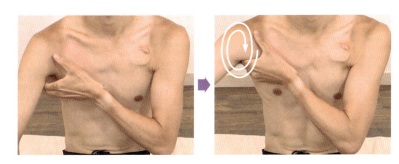

2. 大胸筋部を軽く握り、圧をかけながら肩を回す。

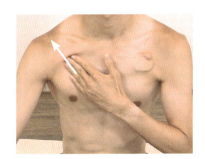

3. 最後に大胸筋を肩部に向かいストローキング。

# 4 腰背部のセルフマッサージ

### 施術の概要・コツ

バスタオルをストレッチポールのように腰背部に敷くことで、胸郭部にまでストレッチをかけることができます。敷いたタオルの方向を横・縦と変えていき、一人ではなかなか意識が向かないような部位までタオルの膨らみにより意識が向くようにもなります。大きな筋肉が広がる部位ですので、腰背部や肩甲骨周辺部まで緊張を緩めることができます。呼吸を整えリラックスして行ってください。

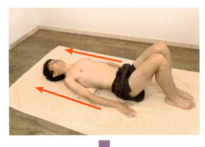

**1**

丸めたタオルを背中に敷き、あお向けに寝る。両腕を上に挙げ伸ばし、横に開いたりしながら胸郭部もストレッチ。

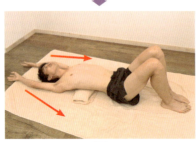

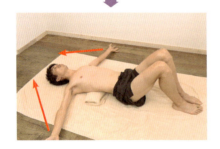

**2**

縦位置にしたタオルの上にあお向けに寝る。両腕を上に挙げたり横に開いたりする。

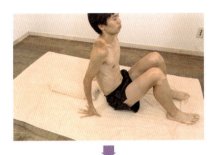

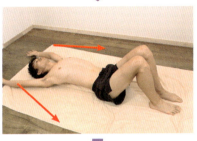

**3**

手のひらで床を丸く描くように動かす。

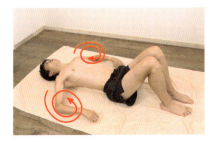

セルフマッサージをしよう！

# 5 腹部のセルフマッサージ

### 施術の概要・コツ

腹部のマッサージの場合、臍部を中心に腹部全体を円を描くようなイメージでストローキングを行い、その後、下腹部を下から上に向けてさすり上げるようなイメージで優しくなで上げていきます。腹直筋、内・外腹斜筋、腹横筋などにアプローチすることができます。また便秘の改善など、おなかの調子を整える目的で行うこともあります。

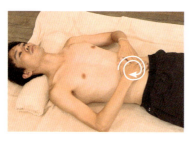

**1** 臍部を中心に円を描くように腹部を手掌ストローキング。

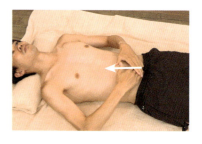

**2** 下腹部から上腹に向けて四指でさすり上げながらストローキング。

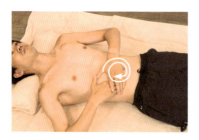

**3** 再び両手で円を描くように手掌ストローキング。

# 6 下腿部のセルフマッサージ

セルフマッサージをしよう！

### 施術の概要・コツ

まずは下肢の末端である足背部（足の甲）、足底部（足裏）を丁寧に施術し、続いて軽く膝を曲げ、ふくらはぎや前脛骨筋などをゆっくりストローキングします。その際、下腿部、大腿部の後側（裏面）をストレッチする要領で行うと、さらに効果的です。ふくらはぎや脛の張り、疲労感は、走る・跳ぶ・着地するといったスポーツ動作が含まれる多くのスポーツでよくみられる症状です。また、一般的に歩行や階段の上り下りなど日頃から使用頻度の高い部位です。比較的セルフケアのしやすい部位でもあるので、入浴中や入浴後など日常生活にうまく取り入れてください。

**1** 適量のオイルを手に取り、足背部を拇指ストローキングやスピンドル。

**3** 片膝を立て、ふくらはぎや前脛骨筋などを拇指と四指でストローキング。

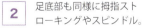

**2** 足底部も同様に拇指ストローキングやスピンドル。

**4** 脛骨内側を拇指でストローキング。

**5** 最後に膝を伸ばしながら拇指と四指で下腿部全体をストローキング。

147

# 7 大腿部のセルフマッサージ

**施術の概要・コツ**

両手の拇指や手掌で膝から股の付け根にかけて大腿部全体を、後側は四指を使ってストローキングを行います。さらに手根ストローキングやシェイキング、ロッキングなどの手技も活かし、大腿四頭筋やハムストリングなど大腿部全体にアプローチしていきましょう。大腿部は下腿部同様、あらゆるスポーツで疲労しやすく、ハムストリングなどは特に肉離れを起こしやすい部位です。日頃のケアを入念に行いましょう。

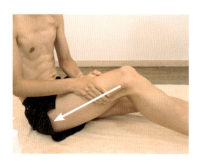

**1** 適量のオイルを手に取り、大腿部全体を拇指や手掌でストローキング。後側は四指ストローキング。

**2** 大腿部の外側、内側、前側を手根ストローキング。

セルフマッサージをしよう！

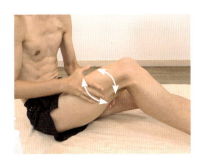

3 　大腿部全体をシェイキングやロッキングで振り動かす。

4 　大腿後側をストレッチしながら四指ストローキング。

# 頭部のセルフマッサージ

**施術の概要・コツ**

両手で頭を軽くつかむようにして 圧をかけたり、指先全体でつかみながら揉むようにして動かし、まんべんなく、軽く叩くなど、ふだんではあまり入れられない刺激を頭部に入れていくことで、高いリフレッシュ効果も期待できます。洗髪時や入浴後の頭部のケアなどの際に取り入れてみてください。また、睡眠前の頭部・頸肩部の軽めのマッサージはストレス解消にも役立ちます。

1　両手の指で頭部を軽くつかみながら指先で圧をかける

2　両手の指で軽くつかみ指先で圧をかけながら丸く動かす

# セルフマッサージをしよう！

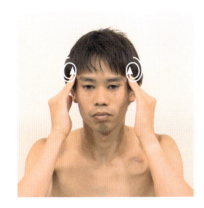

3 こめかみから側頭部にかけ四指で軽く圧をかけながら円を描くように行う

 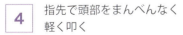 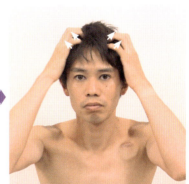

4 指先で頭部をまんべんなく軽く叩く

# INTERVIEWS

## 著者が影響を受けた3人のマッサージ職人

1章で述べた通り、著者がオイルマッサージの知見や実技テクニックを得たのは20シーズンにわたる欧州自転車競技のトレーナーとしての経験を通じてである。本書を制作するにあたり、強く影響を受けた3人のトレーナーに、著者本人がインタビューを行った。

### 1

サルティ・ルイージ
# Luigi SARTI

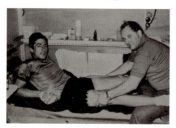

1934年、エミリア・ロマーニャ州・カステルボロニェーゼ出身。マッソフィジオセラピスト。1971年からキャリアをスタートさせ2005年に勇退するまで、イタリア代表チームをはじめ、Molteni、Bianchi-Piaggio、Ariosteaなど自転車史において重要な名門チームに従事。彼のトレーナーとしてのプロ精神は多くの後継者に影響を与えた。

　私が初めてマッサージを受けたのは、1950年から1951年にかけて、アリーヴィカテゴリー（15-16歳のカテゴリー）の選手として北イタリア・イモラのマッサージ師に施術してもらったときのことです。

　資格制度が定まっていない当時、そのマッサージ師は主にパン屋として働いていましたが、プロレースに参加する際には一部のチームに同行してマッサージを行っていました。

　私は子供の頃からサイクリングに興味があり、プロ選手がマッサージを受けているのを見て自分もその道に進むことを決意しました。しかし、その当時のマッサージは現在のものとは大きく異なり、全ての選手が定期的にマッサージを受けていたわけではありませんでした。マッサージの時間も10分、15分程度に過ぎませんでした。

　1961年から1964年の間、私がプロ選手として活動していた時も、主力をサポートするアシスト選手の私は、常にマッサージを受けていたわけではありません。

ジュニア時代に受けた最初のマッサージでは、特に香りのない植物オイル、また、オリーブオイルも使用していました。1972年からはアーモンドオイルを使い始めたこともあります。

1975年になりシクストゥス社製のスポーツマッサージ専用オイルやクリームが展開されます。私の選手時代は、特に寒い日や雨の日には薬剤師が調合するカンフル剤入りオイルを調達していましたが、1975年以降は高性能なスポーツ用マッサージオイル専用品が普及し、時代は進化していきました。

私の役割は、単にマッサージを行うだけではありませんでした。

選手たちの食事の補給を始めとするレース中やレース後のサポート、ホテルでの宿泊手配、選手の衣類の洗濯、チームの食事の手配など、多岐にわたる雑務を担当していました。

これらの雑務は、かつては選手自ら行っていましたが、我々スタッフが分担して行うことで、選手たちの負担軽減となり、結果的に彼らのパフォーマンス向上に寄与していったからです。その対価として、選手の賞金の一部はスタッフにも配分されるようになりました。この頃から、チームのマッサージャー（マッサー）の雇用も外部委託スタッフではなく、専属として従事するスタイルに定着していきました。

私の選手時代、1953年にアマチュアチームのニコロ・ビオンディで走っていた時、また1961年から1964年のジロ・デ・イタリアにおいて、素晴らしい出会いがありました。英雄ファウスト・コッピの専属マッサーとして活躍したほか、イタリアオリンピック委員会においてマッサージテクニックの伝授にも貢献したジャンネット・チムッリ師、その人です。当時の彼は施術をするのではなく、他のマッサージ師に技術を教え、私自身も多岐にわたりアドバイスを受けました。

その他にも著名なマッサージ師に出会う機会がありましたが、特にステファノ・イサイアとの出会いが印象的でした。彼とは1972年のツール・ド・フランスで一緒に働きましたが、そのプロフェッショナリズムに感銘を受け、その後の私のキャリアに強く影響しています。

時代とともに技術もサポートも変化が求められます。レース現場の裏方として最前線に立たされる施術家は、常に課題と向き合わなければなりません。手段と手法は時代とともに変わりますが、常に課題に向き合い改善に真摯に取り組む姿勢は、どの時代においても重要であり伝承されていくべきものと思います。

# INTERVIEWS

## 2

ルイジーノ・モーロ
# Luigino MORO

1956年、マッソフィジオセラピスト。4年間プロ選手として活動した後1982年引退し、マッソフィジオセラピスト教育課程を経て病院勤務。1990年に自転車競技チームのマッサーに転職し、最新の医療技術を自転車競技に数多くもたらした。イタリア代表のチーフマッサーとして現在も活動。ダブルツール（ツール・ド・フランスとジロ・デ・イタリアの二大ロードレースを制覇）を達成したマルコ・パンターニの全盛期を支えた。

　イタリアでは1999年まで「マッソフィジオセラピスト」という国家資格が存在していました。これは、日本における「あん摩・マッサージ指圧師」に類似した資格で、マッサージ技術に特化した教育を受けた専門職でした。マッソフィジオセラピストは、外傷を負った人々に対して、特に神経損傷のないケースでリハビリテーションマッサージを行う職業でした。3年の専門教育を経て、この資格を取得した者は、さらに特定のスポーツ分野に特化したスポーツマッサージのコースに進むことができました。

　1999年、イタリアが欧州連合に加盟したことで、欧州内での資格認定を統一する必要性が生じました。この結果、マッソフィジオセラピストの資格は廃止され、理学療法士（フィジオテラピスト）の資格に統合されました（マッソフィジオセラピストは一部の州にて資格教育制度が公認されているが、国からは認可されていない）。

　理学療法士は、おもに神経系に重篤な損傷がある患者を治療する専門職であり、その教育内容は従来のマッソフィジオセラピストとは異なり、マッサージ療法のカリキュラムは含みません。その結果、国家資格レベルでのスポーツマッサージの教育の機会が喪失され、民間資格の制度が曖昧化するなど課題を生んでいる現状もあります。

私のキャリアを通じて、マッサージ技術は大きく進化してきました。1980 年代から 1990 年代にかけては、マッサージは軽いタッチや軽い揉み込みが中心で、血行を促進するために軽いタッピング的なども行われていました。

　当時のマッサージの持続時間は通常 30 分程度で、チームキャプテンだけが特別に 50 分程度のマッサージを受けていました。選手のパフォーマンスの発揮にはチームの全選手に良質なマッサージが必要不可欠であると我々は主張し、その結果、2000 年代に入り、アシスト選手たちにも適切なマッサージが施されるようになりチーム全体のパフォーマンス向上に寄与しました。

　非ヨーロッパ出身のマッサージ師たちがサイクリング界に参入、特にソビエト連邦崩壊後、彼らの技術が導入されたことで、マッサージ技術の多様化が進みました。オステオパシーやインディバなどの新しい療法も取り入れられるようになり、アジアからはドライマッサージや鍼などの技術も流入し、サイクリング界における選手ケアの幅は大きな広がりを見せています。

　現代のイタリアでは、マッサージ技術に関する明確な資格制度が失われつつあるため、医療現場やスポーツ現場におけるマッサージ技術の質の低下や、資格を持たない者による非専門的なマッサージの横行が懸念されています。

　ただ、その一方でマッサージ技術自体は進化を続けています。

　近年では、日本で「整骨療法」とも訳されたオステオパシーも医療や学問の分野として認知され、治療技術としての手技療法の進化が進んでいます。また、施術時間がかつてよりも長くなり、施術家に求められる技術は高まっています。

　かつては、自転車チームのトレーナーの役割には選手たちへの補給の管理や、施術以外の業務も多く含まれていました。しかし、今では栄養士やシェフ、その他の専門スタッフが加わり役割の細分化が進み、私たちは本来の業務により多くの時間を割けるようになりました。施術家には理学療法的知識や最新のテクニックが求められる時代となっています。

　自転車競技における手技療法や物理療法は、時代とともに確実に進化を遂げている一方で、今後もスポーツマッサージが重要な役割を果たし続けるためには、資格制度の見直しや教育カリキュラムの充実が必要だと考えています。

# INTERVIEWS

## 3
### ミケーレ・デルガッロ
# Michele DEL GALLO

1974年、D.O.（ドクタ・オブ・オステオパシー）。マッソフィジオセラピスト。手技療法の最新技術を自転車競技界に落とし込んでいる。イタリア代表チームやプロチーム（現在はUAE所属）に所属。論文「サイクリストのスポーツパフォーマンス向上におけるオステオパシー治療の有効性」を発表。著者とは2003年から2010年まで共に働いた。

　私は地元で整形外科医の協力を得て、リハビリテーションを主体としたクリニックを開業し、それと並行して自転車競技のプロチーム業務を行っています。このスタイルを継続し20年以上が経過しました。
　私がこのスタイルにこだわる理由の一つは、自転車チームの仕事がいつ消滅するかわからないというプロスポーツ特有の側面があり、そのリスクを分散するためでもありますが、根本的には、日々の技術向上と学びには、医療機関やクリニックでの業務経験が必要不可欠であるという信念に基づいています。

　自転車競技のマッサージャーとしての役割は、本来の施術業務以外にも多岐にわたります。たとえばホテルでの交渉、補給食や選手の食事の準備、洗濯、運転などがあり、舞台はヨーロッパ各国に及ぶことから複数言語を話すスキルも求められます。
　これらの業務は、チームが円滑に機能し、選手のパフォーマンス向上に欠かせないものですが、この環境には施術業務のスキルアップを妨げる側面があると、キャリアの初期に率直に感じていました。この実感から、自転車チームに所属しスポーツの最前線に身を置くと同時に、医療機関やクリニックでの業務を通じて日々勉強や最新技術の習得、資格取得に力を注いでいます。

私はマッソフィジオセラピストとしてのキャリアをスタートさせ、現在ではオステオパシーの資格を取得し、年々テクノロジーが進化する自転車競技の世界に理学療法の最新技術を提供することができています。

　私の所属するUAEチームエミレーツでは、マネージャーのマウロ・ジャネッティが、選手の身体に関するあらゆる側面を非常に重視しています。現代の自転車競技では、機材、フォーム、トレーニング法、リカバリー法、栄養、休息など、あらゆる分野で最先端のテクノロジーが研究され、選手のパフォーマンスを最大限に引き出すことが求められいます。

　古い時代、マッサージ師の役割はおもに選手の脚のケアでしたが、現在ではその役割が大きく変わっています。特に重要なのは、選手のパフォーマンスに影響を与えるすべての要因や原因を細かく分析することです。たとえば、片方の脚力がもう一方より弱い場合、かつては、弱い脚を鍛えるといった対症療法が一般的でしたが、現代では原因を究明し、根本的に解決することが重視されています。

　サイクリングでは、骨盤帯周囲に多くの焦点が置かれており、脚には深層筋肉がありませんが、体幹には存在し、身体を安定させる役割を果たしています。しばしば、サイクリストがサドルで骨盤を動かしすぎるのは、深層筋肉が不足し、安定していないためです。その結果、同じトレーニングをしても、200kmのレースではより多くのエネルギーを消費し、疲労が増してしまいます。

　近年では、チームとして競技前にマッサージや徒手ストレッチを組み合わせたボディアクティベーションプロトコルを作成し、レース前に選手に実践させています。近年のレースのスピードアップに伴い、選手は空気抵抗を抑えるために、身体に負担のかかるフォームを採用しています。そのため、スタート前にこのような取り組みを行うことで、身体の負担や怪我のリスクを軽減し、パフォーマンス向上に繋がる準備が重要になっています。

　現代のアスリートケアでは、表面的な問題を解決するだけでなく、根本的な原因を見極め、選手のパフォーマンスを最大限に引き出すためのアプローチが求められているのです。

# おわりに >>>

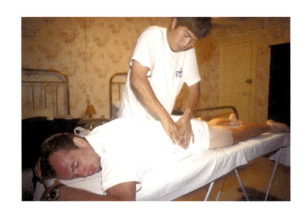

　この写真は、私が欧州生活を始めた初年度、1998年のツール・ド・フランスで撮影されたものです。受けてが服を着たまま施術を受けているように、日本式のドライスポーツマッサージを行っています。オイルマッサージの教本にドライマッサージの写真を載せることに違和感を覚える方もいるかもしれませんが、これは私の活動を象徴する思い出深い一枚です。

　オイルマッサージが主流の欧州、しかもプロスポーツの現場でドライマッサージを行うことは、大きな挑戦でした。まず、服を着たまま施術を行うことも彼らが初めて見る光景でもあり、一部議論も呼ぶインパクトのある行為でした。やがて評判は選手の声を通じてチーム全体に伝わり、次第に欧州の施術家たちからも「日本式の手技を教えてほしい」と依頼をされるようになりました。

　ヨーロッパに渡った当初は、言語や文化の壁を強く感じ、それがプロスポーツのスタッフとしての能力にとって大きな課題となっていました。この世界で生き抜く術を模索していた時期でもあります。しかし、この経験を通じて、私は単なる学び手から、技術をギブアンドテイクできる立場へと変化することができました。

この経験こそが、長期にわたり、日本人の施術家として欧州の手技療法の世界に深く関わる第一歩になりました。


　手技療法の世界にはさまざまなメソッドや技術が存在しますが、どの手法を用いるにせよ、それは施術者の「手」を通じたコミュニケーションです。そこには言葉の壁は関係なく、さらにプロスポーツの現場は「有用か、そうでないか」というシンプルで厳しい評価が下される世界です。

「手」の感覚を通じた評価は、言語化や数値化が非常に難しい分野です。現代の情報社会においても、手技療法の技術の成熟には、師弟関係のように人から人へ伝承される側面が強く、さらに個々の成功や失敗の経験から得られるフィードバックの積み重ねが欠かせません。この地道な積み重ねこそが、手技療法の本質であると私は考えています。

　日本のスポーツマッサージの理念や技術は、世界的に見ても非常に高いレベルで成熟しています。その強固な基盤のおかげで、私は欧州においてオイルマッサージの利点や知識への理解を深めることができ、同時に日本の手技療法に対する理解も一層深めることができました。

私のような者が、本書のような技術書の執筆に携わる機会をいただけたのも、このような日本とヨーロッパ、両方の手技療法に触れる経験があってこそだと思います。

　これまで私を導き、支えてくださった先生方や先輩方に深く感謝申し上げるとともに、この本を通じ少しでも次世代の施術家の皆さまのお役に立てればと願っております。

2024年10月　中野喜文

## 『滑らせる！』が世界のケアの新常識
# スポーツオイルマッサージ

2024年10月31日　第1版第1刷発行

著　者　　中野喜文
監修者　　溝口秀雪
発行人　　池田哲雄
発行所　　株式会社ベースボール・マガジン社
　　　　　〒103-8482
　　　　　東京都中央区日本橋浜町2-61-9 TIE浜町ビル
　　　　　電話 03-5643-3930（販売部）
　　　　　　　 03-5643-3885（出版部）
　　　　　振替口座 00180-6-46620
　　　　　https://www.bbm-japan.com/

印刷・製本　共同印刷株式会社

©Yoshifumi Nakano & Hideyuki Mizoguchi 2024
Printed in Japan
ISBN 978-4-583-11668-6 C2075

※本書の文章、写真、図版の無断転載を禁じます。
※本書を無断で複製する行為（コピー、スキャン、デジタルデータ化など）は、私的使用のための複製など著作権法上の限られた例外を除き、禁じられています。業務上使用する目的で上記行為を行うことは、使用範囲が内部に限られる場合であっても私的使用には該当せず、違法です。また、私的使用に該当する場合であっても、代行業者等の第三者に依頼して上記行為を行うことは違法となります。
※落丁・乱丁が万一ございましたら、お取り替えいたします。
※定価はカバーに表示してあります。